ADAC
Reiseführer

Budapest

Von Hella Markus

Intro

Unterwegs

Budapest Kaleidoskop

Karten und Pläne

Service

Budapest Impressionen

Donaukönigin

In ihrer liebenswerten Neigung zu Übertreibungen behaupten manche Ungarn, in ihrem Land gebe es nur *eine* Stadt – und das sei selbstverständlich Budapest, die **Hauptstadt**. Tatsächlich konzentriert sich hier das geistig-kulturelle, wissenschaftliche und politische Leben in solchem Maß, dass alle anderen Besiedlungszentren schlicht als ›Provinz‹ bezeichnet werden.

Weltstadt ›Buda-Pest‹

Am Anfang der in rasantem Tempo verlaufenden Entwicklung zur schillernden, janusgesichtigen Weltstadt stand vor über 130 Jahren der Zusammenschluss von **Buda, Óbuda** und **Pest** zu ›Buda-Pest‹. Innere Mitte, Nahtstelle und Trennlinie dieser Vereinigung ist das zwar nicht mehr blaue, an manchen Tagen jedoch silbrig leuchtende Band der **Donau**. Sieben Brücken verklammern die Stadt miteinander, im Wasser spiegeln sich die Fassaden der beiden dicht bebauten Uferpromenaden, sowohl in der verschwenderischen Pracht von Neo-Stilen des ausgehenden 19. Jh. als auch in klotzigen Bausünden jüngeren Datums. Sein zauberhafter Charme bringt Budapest bisweilen operettenhafte Lobpreisungen wie **›Königin der Donau‹** ein. In diesem ›Gesamtkunstwerk Stadt‹ liegen Erhabenheit und Trivialität, Schein und Wirklichkeit nahe beieinander. Budapest und ›sein‹ Strom verschmelzen zu einer Metapher für den der fliehenden Zeit entrissenen, monumentalisierten Augenblick.

Wie alles begann

Viel Wasser floss seit der Landnahme vor über 1100 Jahren die Donau hinab, als die Ungarn ins Karpatenbecken einzogen und mit der Schnelligkeit, Gewandtheit und verblüffenden Taktik ihrer Reiter bald ganz Europa in Angst und Schrecken versetzten. Doch bereits der staatsgründende **König István I.** ermahnte zu Beginn des 11. Jh. seinen Sohn Imre, an seinem

Oben: *Die erste Geige – abendliche Unterhaltung in einer ungarischen Gaststätte*
Rechts: *Erleuchtetes Budapest: Wenn es dunkel wird, ziehen die Donaudampfer an den angestrahlten Sehenswürdigkeiten des Burgbergs vorbei*
Rechts oben: *Turul, das Wappentier der Árpáden, schmückt den Burggartenausgang*

Hof die ausländischen »Ankömmlinge wohlgesinnt zu beschützen und zu schätzen, auf dass sie sich lieber bei ihm als anderswo aufhalten und wohnen«. Die Fremden würden nämlich durch ihre unterschiedlichen Sprachen, Bräuche und Vorbilder dem Reiche »großen Nutzen und Zierde bringen«.

Einer positiven, **gastfreundlichen Aufnahme** und zuvorkommenden Behandlung kann sich der Besucher dieses Landes und seiner Hauptstadt auch heute

gewiss sein. Dabei ist es sicherlich nicht von Nachteil, von einer weiteren, den Ungarn nachgesagten Fähigkeit zu wissen: an der Drehtür dem anderen höflich den Vortritt lassen, um dann doch bereits vor ihm anzukommen … Ob das vielleicht auch ein Relikt aus der Zeit der Reiternomaden ist?

Budapest zwischen gestern und morgen

Die ›Magyaren‹ selbst – von historischen Quellen im 10. Jh. als »ansehnlich und schön, lebensfroh, rasch auflodernd, aber auch schnell wieder versöhnt« beschrieben – sind stolz auf ihre Stadt, stolz auf **Monumente** aus Jahrhunderten, die Geschichten aus längst vergangenen Zeiten erzählen. Wie die zahlreichen Touristen bewundern sie beim nächtlichen Blick von der **Zitadelle** auf dem **Gellértberg** die Großartigkeit der ihnen zu Füßen liegenden, im diamantenen Licht strahlenden Schönen. Das hindert sie jedoch nicht daran, am nächsten Morgen, wenn die ersten Sonnenstrahlen die Realität zum Vorschein bringen, in distanzierter Ironie, mit schlagfertigem Witz oder auch von klatschsüchtiger Erzähllust getrieben, alle unrühmlichen Erscheinungen der **Metropole** aufzuführen: den drohenden Verkehrsinfarkt, die Flickschusterei mit den Schlaglöchern bei der sommerlichen Straßensanierung, die Umweltverschmutzung, die Methoden raffinierter Autodiebe, das sog. Dankesgeld für Ärzte, die noch immer vorhandene Bürokratie und Vetternwirtschaft in allen Lebensbereichen. Doch wehe dem Fremden,

Oben: *Liebe zum Detail – im Vestibül der Musikakademie*
Unten: *Hier stand die maurische Kunst Pate: Mittelhalle des Museums für Kunsthandwerk*
Rechts oben: *Doppeltes Vergnügen: Das Parlament, in morgendliche Sonne getaucht, spiegelt sich in der Donau*
Rechts unten: *Kaffeehaus mit Tradition – das gute alte Gerbeaud*

der hier auch nur vage zustimmt! Das Recht zum Nörgeln haben in Budapest nur die Einheimischen.

Dem Besucher der Donaumetropole wird auffallen, dass in den vergangenen Jahren viel restauriert wurde, im Burgviertel ohnehin, aber auch in den anderen Stadtteilen. Pompös erstrahlt das altneue Bankviertel um die mit viel Liebe zum Detail wieder hergestellte Postsparkasse. Erneuert wurde u. a. auch das Gebäude der Akademie der Wissenschaf-

ten, die Fassade der Musikakademie, das Sándor-Palais, der Heldenplatz, das Palmenhaus, die Basilika St. Stephan, das Hotel Royal, der Gresham-Palast und vieles mehr. Gleichwohl bleibt noch viel zu tun, um alle erhaltenswerte Bausubstanz der Stadt auch wirklich zu retten.

Eine Stadt, die viel zu bieten hat

Die Stadtteile zu beiden Seiten der Donau haben ganz unterschiedliche Charaktere. Das hoch gelegene Plateau des **Budaer Burgbergs** mit dem einstigen Königspalast und den verträumten Gassen des Burgviertels versetzen den Besucher ins Mittelalter, auch wenn, bedingt durch Belagerungen und Zerstörungen, längst nicht alle Bauten aus dieser Zeit stammen. Der Stadtteil **Buda** bietet außerhalb der Burgbefestigung die Möglichkeit, die Badestadt mit ihren heilkräftigen **Thermalquellen** zu entdecken.

Über die Donaubrücken geht es schließlich auf die andere Seite nach **Pest**. Im Ringstraßenbereich legen wichtige **Sakralbauten** Zeugnis ab von der religiösen Glaubensvielfalt und Toleranz in dieser Stadt. Auf dem Gebiet der Profanarchitektur bildet der ›**Nationalstil**‹ der ungarischen Sezessionskunst um 1900 einen Schwerpunkt.

Und was wäre Pest ohne seine berühmten **Kaffeehäuser**? Sie werden mit Liebe besucht und gepflegt – das traditionsreiche New York etwa, Treffpunkt der Budapester Literaten und Schriftsteller,

Links oben: *Futuristisches Spiegelbild – Fischerbastei und Budapest-Hilton*
Links unten: *Wer kann dazu schon nein sagen? – In der Konditorei Ruszwurm*
Oben: *Entspannung in Jugendstil-Ambiente – das Gellértbad in Buda*
Mitte: *Am Vigadó tér – Stickereien zählen zu den beliebtesten Mitbringseln aus Budapest*
Unten: *Ungarische Folklore – touristisches Abendprogramm*

kann nach umfangreicher Restaurierung ab Ende 2005 wieder besucht werden.

Außerhalb des Altstadtrings liegen auch jene ›Musentempel‹, in denen die lebendige Musiktradition gepflegt und die Kunstschätze des Landes bewahrt werden: die **Musikakademie**, die **Ungarische Staatsoper**, das **Museum der Bildenden Künste**, die **Kunsthalle** und der **Palast der Künste** Das im April 2004 eröffnete **Holocaust Museum** ist als Dokumentationszentrum dem Gedenken der jüdischen Opfer des Zweiten Weltkriegs gewidmet.

Ein Abstecher in das als Ausflugsziel beliebte **Stadtwäldchen** ermöglicht Ruhepausen im Grünen. Für das Kennenlernen des ältesten, bereits in der Römerzeit besiedelten Stadtteils **Óbuda** ist angesichts der Ausgrabungen von **Aquincum** einige Fantasie gefordert.

Der Reiseführer

Dieser Band zeichnet in sieben Kapiteln ein umfassendes Bild der Donaumetropole. Die Rubrik **1 Tag/1 Wochenende** bietet Empfehlungen für Kurzaufenthalte. **Stadtpläne** sowie ein **Lageplan** des Burghügels erleichtern die Orientierung. **Top Tipps** nennen u.a. die schönsten und stimmungsvollsten Restaurants, Kaffeehäuser, Bäder und Aussichtspunkte. **Budapest aktuell A bis Z** bietet nützliche Informationen vor Reiseantritt wie auch vor Ort. Hinzu kommt ein umfassender **Sprachführer**. Ein **Kaleidoskop** interessanter Kurzessays rundet den Reiseführer ab.

Geschichte, Kunst, Kultur im Überblick

Heldenmut und Künstlerträume prägen die lebensfrohe Donaumetropole

460 000 v. Chr. Seit der Altsteinzeit sind die Ufer der Donau und die Hänge der Budaer Berge besiedelt.

um 10 n. Chr. Die Römer errichten einen Militärstützpunkt im heutigen Óbuda.

106 n. Chr. Die römische Garnisonsstadt Aquincum (keltisch: Ak-ink = wasserreich) wird Hauptstadt der Provinz Pannonia Inferior.

194 Aquincum wird römische Colonia.

409 Mit dem Zerfall des Römischen Reiches fällt Aquincum in hunnischen Besitz.

569 Beginn der 200 Jahre andauernden Awarenherrschaft.

896 Ein Verband magyarischer Stämme, deren ursprüngliches Siedlungsgebiet zwischen der Wolga und dem Ural lag, dringt über die Karpaten in das Donau-Tiefland ein. Es kommt zur Landnahme unter den Fürsten Kurszán und Árpád (Árpáden 896–1301). Beginn der ungarischen Geschichte.

955 Sieg Ottos I. in der Schlacht auf dem Lechfeld gegen die Magyaren, Fürst Géza bekennt sich zum Christentum.

1000 Zu Weihnachten sendet der Papst dem ungarischen Herrscher Stephan I. (mit heidnischem Namen Vajk, Sohn Gézas, 997–1038) die Heilige Krone (Stephanskrone), mit der dieser zum ersten ungarischen König gekrönt wird. Er fördert das katholische Christentum in Ungarn und wird später heilig gesprochen.

Ungarns Nationalsymbol – die Stephanskrone ist von unschätzbarem Wert

1046 Zu den von Stephan ins Land gerufenen Missionaren (unter ihnen zahlreiche Benediktiner) gehört Bischof Gerhardus (Gellért). Anhänger der heidnischen Reiternomadengesellschaft stoßen ihn vom ›Gellértberg‹ hinab in die Donau.

1061 Erste urkundliche Erwähnung der am linken Donauufer gelegenen Stadt Pest.

um 1204 Meister P (sog. Anonymus), der Notar Bélas III., verfasst die erste im Original überlieferte Chronik der Ungarn in mittellateinischer Sprache.

1241 Bei einem Mongolenüberfall wird die Stadt verwüstet.

1242–44 König Béla IV. will die verwüstete Kulturlandschaft durch eine weitsichtige Siedlungspolitik wieder zu beleben. Beginn des Baus einer Stadtmauer.

1247–65 Bau der ersten Budaer Königsburg.

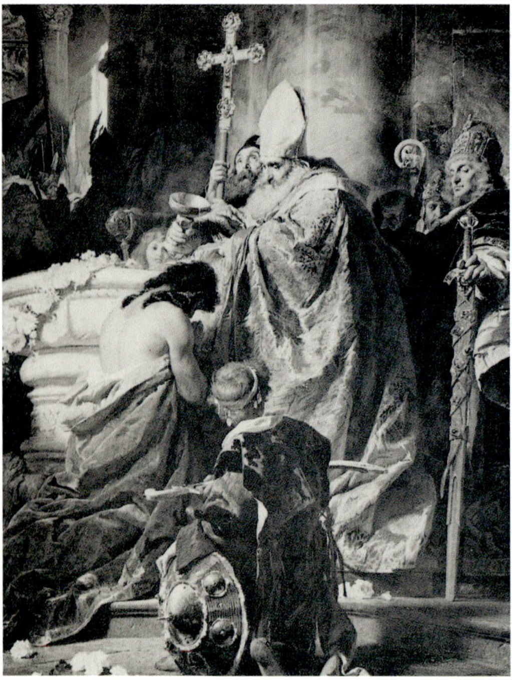

◁ Beginn der ungarischen Christianisierung im 10. Jh – Bildausschnitt aus ›Die Taufe des Vajk‹ (Gyula Benczúr, 1875)

1255 Buda erhält Markt- und Zollrecht.
1255–69 Bau der Liebfrauenkirche (später Matthiaskirche) als deutsche Pfarrkirche auf dem Burgberg, nicht weit davon Bau der Maria-Magdalenen-Kirche als Pfarrkirche der ungarischen Bürger.
1301 Der Tod des letzten Árpáden löst innere Wirren aus.
1308–87 Herrschaft der Anjou.
1308 Karl I. von Anjou wird zum ungarischen König gekrönt. Die Bezeichnung ›Forint‹ für die ungarische Währung erinnert an seine ab dem Jahr 1325 nach florentinischem Vorbild geprägten Goldmünzen. Aufschwung des Handelsverkehrs mit dem Westen.
1387–1437 Sigismund von Luxemburg ist ungarischer König (ab 1410 deutscher König, ab 1433 Kaiser des Heiligen Römischen Reiches Deutscher Nation). Ehrgeizige Bauvorhaben auf dem Budaer Burggelände.
1438 Im Landtag zu Buda wird die rechtliche Gleichstellung ungarischer und deutscher Bürger der Stadt gesetzlich verfügt.
1456 Reichsverweser János Hunyadi schlägt die Türken bei Nándorfehérvár (heute Belgrad). Das tägliche Mittagsläuten (auch vor den 12-Uhr-Nachrichten im Rundfunk) erinnert noch heute an seinen Sieg.
1458–90 Mátyás Hunyadi (Matthias Corvinus), der 15-jährige Sohn János Hunyadis, wird ungarischer König. Während der Regierungszeit des kunstsinnigen Fürsten erlebt Buda als ein Zentrum europäischer Renaissancekultur eine Blüte.
1468 König Matthias verleiht Pest die Privilegien einer königlichen Freistadt.
1473 Die ›Chronica Hungarorum‹ erscheint als erstes in Ungarn gedrucktes Buch in der Budaer Druckerei von Andreas Hess.
1477 Aus der Hochschule der Dominikaner geht durch königliche Förderung die erste Budaer Universität hervor.
1514 Ein Bauernaufstand gegen die Willkür des Adels unter Führung des transsylvanischen Edelmanns György Dózsa wird von János Zápolyai, dem späteren König Johann I., blutig niedergeschlagen.
1526 Niederlage der Ungarn gegen die Türken bei Mohács. Buda wird geplündert und gebrandschatzt. Die Türken übergeben János Zápolyai die zerstörte Stadt.
1541–1686 Nach dem Tod von Zápolyai wird die Stadt von den Türken besetzt. Unter Sultan Suleiman II. dem Prächtigen verändert sich das Stadtbild: Bäder, Befestigungsanlagen, eine Medresse (islamische Hochschule für Juristen und Theologen), mehrere Janitscharenkasernen entstehen, sämtliche Kirchen werden zu Moscheen umgebaut.

Unter Sultan Suleiman II. dringen die Osmanen im 16. Jh. nach Budapest vor

1686 Karl von Lothringen vertreibt mit einem Heer der ›Heiligen Liga‹ die Türken. Burg und Burgviertel werden stark beschädigt.
1687 Landtag von Preßburg: Die Stände übertragen die ungarische Krone dem Haus Habsburg.
1703 Buda und Pest erhalten das königliche Privileg der freien Städte; freie Bürgerrechte aber nur für römisch-katholische Christen.

Der Burgberg von Buda im 15. Jh.

Franz Liszt (1811 – 1886), der berühmteste Komponist der ungarischen Romantik

1730 Erste Zeitung in deutscher Sprache in Buda: ›Ofnerischer Mercurius‹.
1740–80 Handwerker und Kaufleute auch aus dem deutschsprachigen Raum ziehen in die Stadt.
1777 Die Universität wird von Nagyszombat nach Buda umgesiedelt und sieben Jahre später von dort nach Pest.
1787 In Buda wird das Burgtheater eröffnet.
1788 Erste Zeitung in ungarischer Sprache in Pest: ›Magyar Mercurius‹.
1796 Kaiser Franz I. ernennt seinen 20-jährigen Bruder, Erzherzog Joseph, zum Palatin von Ungarn, der somit die ungarische Landesverwaltung übernimmt.
1802 Gründung der Széchenyi-Bibliothek.
1809 Vor den Napoleonischen Truppen flieht der kaiserliche Hof von Wien nach Buda.
1812 Eröffnung des Deutschen Theaters in Pest, auf dem heutigen Vörösmarty-Platz.
Ab 1820 Nationale Reformbewegung im Sinne eines gemäßigten Liberalismus um den Grafen István Széchenyi.
1848 Am Portikus des Nationalmuseums trägt der Freiheitsdichter Sándor Petőfi das ›Nationalgedicht‹ vor. Lajos Kossuth fordert eine eigene ungarische Regierung. Bildung eines Kabinetts unter Führung von Lajos Graf von Batthyány.
1849 General Windischgraetz' Truppen nehmen am 5. Januar die Burg ein, diese erleidet große Zerstörungen. 14. April: Unabhängigkeitserklärung Ungarns. Mit russischer Hilfe werfen die Österreicher den Aufstand nieder.

Ferenc Déak (1803 – 1876), liberaler Politiker des öster.-ungar. Ausgleichs 1867

1861 Während des Landtags in Pest strebt Ferenc Deák einen friedlichen Ausgleich an.
1861–69 Franz Liszt übernimmt den Vorsitzen der in Budapest auf seine Anregung hin gegründeten Musikakademie.
1867 Nach dem österreichisch-ungarischen Ausgleich erhält Ungarn eine eigene Verfassung; Umgestaltung des Reiches in eine Doppelmonarchie.
1872 Die drei Städte Pest, Buda und Óbuda werden vereinigt (etwa 300 000 Einwohner).
1896 Das 1000-jährige Bestehen Ungarns wird feierlich begangen. Millenniumausstellung. Bau der ersten U-Bahn auf dem europäischen Kontinent.
1900 Die Zahl der Einwohner beträgt 733 843.
um 1910 Wirtschaftlicher Aufschwung; Industrie und Dienstleistungsbetriebe siedeln sich an.
1918 16. November: Ausrufung der Ungarischen Republik.
1919 Nur wenige Monate währende Räterepublik. Im Herbst besetzen rumänische Truppen Budapest.

◁ *Freiheitsbestrebungen – Dichter Sandor Petőfi (1823 – 1849) trägt das von ihm verfasste ungarische Nationalgedicht vor*

Gescheiterte Reformen: der beim Volk beliebte einstige Ministerpräsident Imre Nagy (1896–1958) wird von der Kádár-Regierung als Landesverräter hingerichtet

1920–40 Miklós Horthy ist Staatsoberhaupt und Reichsverweser, er proklamiert Ungarn als Monarchie mit vakantem Thron.
1920 Vertrag von Trianon, einer der Pariser Vorortverträge zur Beendigung des Ersten Weltkriegs: Ungarns Staatsgebiet wird zugunsten der Slowakei, Jugoslawiens und Rumäniens auf ein Drittel verkleinert. Die Ungarn lehnt den Vertrag ab.
1941 Ungarn tritt als Verbündeter Deutschlands in den Krieg ein.
1944 Am 10. März beginnt die Besetzung durch deutsche Truppen. Am 16. April wird mit der Deportation ungarischer Juden begonnen.
1945 Budapest wird von sowjetischen Truppen eingenommen.
1946 Ungarn wird Republik.
1947 Die Verstaatlichung aller Banken, Industrie- und Handelsunternehmen sowie anschließend der Kleinbetriebe beginnt.
1948 Durch einen skandalösen Wahlbetrug erzwingt die kommunistische Partei den Sieg, das Mehrparteiensystem wird abgeschafft.
1949 Am 20. August tritt die Verfassung der Ungarischen Volksrepublik in Kraft in Entsprechung zur Verfassung der Sowjetunion von 1936.
1950 Der Flughafen Ferihegy wird eröffnet.
1953 Der Reformpolitiker Imre Nagy wird Ministerpräsident.
1954 Imre Nagy wird im November als Rechtsopportunist beschuldigt, somit geht der erste mittel-osteuropäische Reformversuch zu Ende. Neuer Ministerpräsident wird András Hegedűs; Unterzeichnung des Warschauer Vertrages.
1956 Im Oktober schlagen sowjetische Streitkräfte den ungarischen Volksaufstand blutig nieder. János Kádár bildet eine neue Regierung.
1958 Imre Nagy wird als Hochverräter hingerichtet.
1972 100. Jahrestag der Vereinigung der drei Stadtteile. Budapest zählt inzwischen 2 Mio. Einwohner.
1989 Öffnung der Grenze zu Österreich. Ungarn wird Bürgerliche Republik. Rehabilitierung von Imre Nagy.
1990 Erste freie Parlamentswahlen.
1991 Am 30. Juni verlassen die letzten sowjetischen Truppen Ungarn.
1996 Millecentenarium: Feierlichkeiten zur 1100-jährigen Wiederkehr der Landnahme der Magyaren.
1999 Beitritt Ungarns zur NATO.
2000 1000 Jahre ›Heilige Krone‹, Jubiläum der Staatsgründung.
2002 Der Schriftsteller Imre Kertész (*1929) erhält den Nobelpreis für Literatur für seinen ›Roman eines Schicksallosen‹.
2004 Eröffnung des Holocaust Museums. – Zehn Jahre nach dem Aufnahmeantrag wird Ungarn am 1. Mai Vollmitglied der EU.
2006 Gedenkjahr ›50 Jahre Volksaufstand‹.

Zerstörte Hoffnungen: Sowjetische Panzer rollen 1956 in Budapests Straßen über den Volksaufstand hinweg

Hoch oben am Burgberg thront ein eindrucksvolles Architekturensemble: die Matthiaskirche, das Budapest-Hilton und die Fischerbastei

Unterwegs

Der Burghügel zu Buda – ein Spaziergang durch die Jahrhunderte

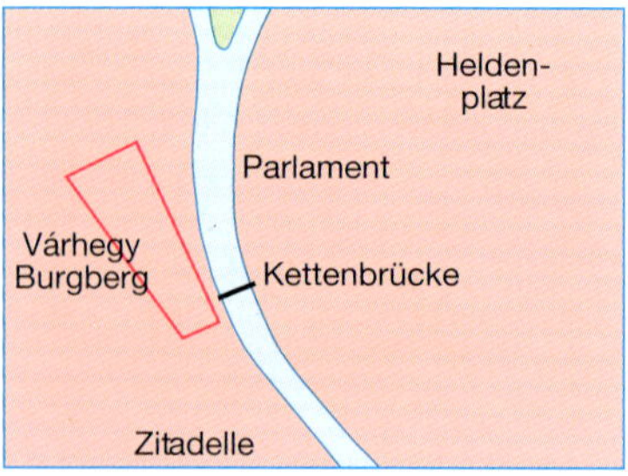

Der Burghügel zu Buda erhebt sich 50–60 m hoch über der Donau. Im Süden des 1,5 km langen, mauerumzogenen Felsplateaus liegt der **Burgpalast**, ihm zu Füßen das Wohnviertel der historisch gewachsenen **Bürgerstadt**. Das denkmalgeschützte Ensemble wurde 1988 von der UNESCO in die Liste des Weltkulturerbes aufgenommen. Der Burgpalast beherbergt heute das **Historische Museum** und die **Ungarische Nationalgalerie**. Bei einem Spaziergang durch die mittelalterlichen Gassen durchläuft man gleichsam die Geschichte Budas. Höhepunkt ist die Besichtigung der **Matthiaskirche**, Krönungskirche ungarischer Könige. Die benachbarten Aussichtsterrassen der **Fischerbastei** gewähren schöne Ausblicke über die Donau.

1 Burgpalast
Várpalota

Ein jeder Herrscher verewigte sich mit dem Bau eines neuen Schlossflügels.

Bus 5, 78, 86; Straßenbahn 18, 19 bis Szarvas tér

Die Baugeschichte des Budaer Burgpalastes ist von ständigen Erweiterungen geprägt, aber auch von Verfall und Zerstörung. Von den **Anfängen**, die in die Mitte des 13. Jh. zurückreichen, ist heute fast nichts mehr erhalten. Doch lässt sich die Entstehungsgeschichte der Anlage gut zurückverfolgen.

Die Befestigung des Burgbergs wurde notwendig, als 1241/42 in Ungarn einfallende Mongolenstämme Leid und Verwüstungen hinterlassen hatten.

König Béla IV. ließ an der Südwestspitze des Budaer Burgbergs zur Kontrolle und **Verteidigung** des **Donauhafens** gegen neuerliche Angriffe eine von schützenden Mauern umzogene königliche Festung mit Bergfried bauen. An der Stelle einer ehemals schutzlos am Burgberg gelegenen Siedlung aus dem 11. Jh. zogen sich seit 1243 die 2 m starken Steinmauern entlang, die zusätzlich die von Béla IV. gegründete Stadt Buda auf der flachen Bergkuppe schützten.

Unter den *Anjouherrschern* mussten die Burgmauern des 13. Jh. neuen Festungsbauten weichen. Der Bau des mittelalterlichen Palasts war vor allem mit den Macht- und Repräsentationsansprüchen von König Lajos (Ludwig) dem Großen verbunden, der nicht – wie sein Vater Karl Robert von Anjou – in Visegrád residierte, sondern seit 1347 wieder in der Burg zu Buda Hof hielt.

Dieser **Anjoupalast** wurde während der 50-jährigen Regierungszeit des *Sigismund von Luxemburg* (1387–1437) beträchtlich erweitert und zu einer der wehrkräftigsten wie prächtigsten Königsburgen Europas ausgebaut. Ein kompliziertes Festungssystem mit verstärkten Mauern und verteidigungstechnischen Raffinessen riegelte den vieltürmigen, drei Innenhöfe umschließenden Palast nicht nur zur Donauseite hin und entlang des westlichen Bergrückens ab, sondern auch von der Bürgerstadt: Dort, wo der 1311 begonnene, L-förmige ›Neue Palast‹ an den großen Burgmarkt grenzt, ließ Sigismund zusätzlich einen Graben von 20 m Breite und 6 m Tiefe ausheben. Am Nordhof wurde dem Westflügel bollwerkartig ein mehrstöckiger **Turm** vorangestellt, dessen Bau der Prager Dombauhütte unter Peter Parler zugeschrieben wird. Er blieb jedoch unvollendet und wird ›Stumpfer Turm‹ genannt.

Neuen Glanz erlebte der Palast von Buda unter der Herrschaft des Königs **Matthias Corvinus** (1458–1490). Der Pracht-

Beherrschend: Der mächtige Burgpalast von Buda nimmt die Südspitze des Burgbergs ein

bau wurde u. a. vom Hofchronisten Antonio Bonfini in seinem Werk ›Rerum Ungaricarum Decades‹ (1491–1496) gepriesen: »König Matthias ließ die Instandsetzung der Ofner Burg in Angriff nehmen, in der es außer Sigismunds prächtigen Gebäuden nichts Sehenswertes gab. Er ließ Paläste bauen, die nicht hinter den prächtigen römischen Palästen zurückstehen, große Speisesäle einrichten, herrliche Schlafgemächer, ebenfalls mit allerlei vergoldeten Decken, mit verschiedenen Wappen versehen, schöne Türen, oben mit Intarsien verziert, prächtige Kamine …«

Im nordöstlichen Teil der Burganlage ließ Matthias einen mächtigen Gebäudetrakt mit einem säulengeschmückten **Arkadenhof** errichten. An der Ostseite dieses Hofs liegt die von Bonfini erwähnte und in den Jahren 1947–55 wieder ausgegrabene Kapelle mit einem Heiligen Grab. Darüber befand sich in diesem Teil des Matthias-Schlosses neben der Sternwarte im 1. Obergeschoss die berühmte königliche Bibliothek, die Budaer **Bibliotheca Corviniana**, deren kostbarer Bestand an kunstvoll ausgeführten Kodizes im Laufe der Zeit auf 2000–2500 Bände anwuchs und auch italienische Humanisten wie Taddeo Ugoleto aus Florenz anzog.

Von den am Südwesthang des Burgbergs gelegenen **Königlichen Gärten** führte ein gedeckter Gang hinab zu den Königlichen Bädern. Zwischen Weinstöcken, Obstbäumen und aus Italien importierten Gemüsesorten soll nach Bonfini in der Gartenanlage auch die *Villa Marmorena* – eine Bravourleistung der Renaissancebaukunst – gestanden haben, deren Dach aus versilberten Kupferplatten hell in der Sonne strahlte.

Ein wichtiger Abschnitt der Bautätigkeit unter König Matthias ist mit dem Namen des aus Florenz stammenden Architekten *Chimenti Camicia* verbunden: Der Italiener war ab etwa 1479 als führender **Bauleiter** tätig und brachte die Renaissancekunst von Florenz nach Buda. Auch schickte König Matthias Corvinus einheimische ungarische Meister nach Florenz, an die Quelle der neuen Kunst, Wissenschaft und humanistischen Bildung. Es waren Italiener, die die ungarische Hauptstadt damals mit den Worten lobten: »In ganz Europa sind die drei schönsten Städte: Venedig am Meer, Buda am Berg und Florenz in der Ebene …« Diese rege *florentinische Bautätigkeit* am Budaer Burgpalast lässt sich heute jedoch nur noch anhand von Bauplänen und -zeichnungen sowie einiger spärlicher architektonischer Überreste rekonstruieren.

Obwohl die *Türken* den Palast seiner vergoldeten Dachziegel wegen ›Kazil Elma‹ (Palast des goldenen Apfels) nannten, ließen sie die einstige Königsburg in

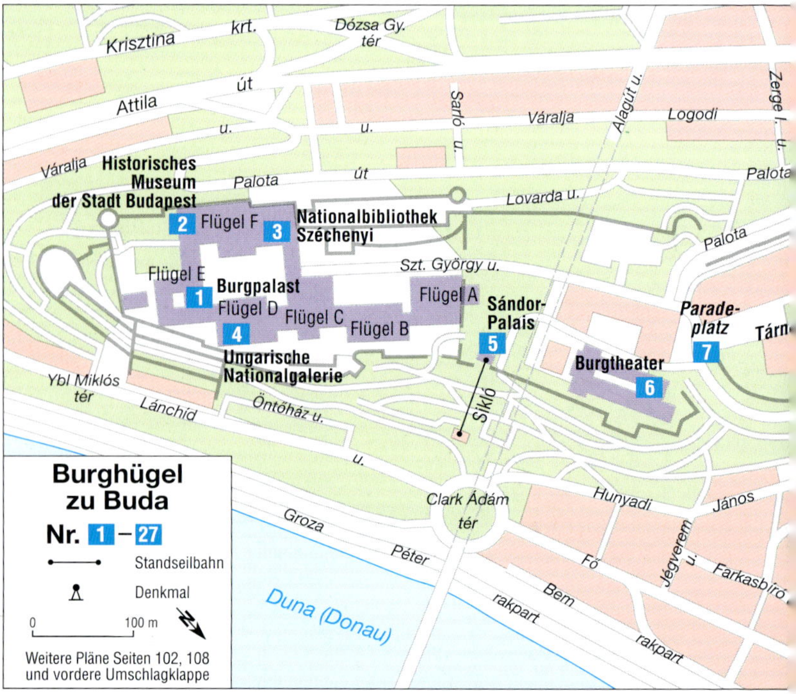

den Jahren ihrer Herrschaft zwischen 1541 und 1686 völlig verfallen. Während eines Frühlingsgewitters 1578 explodierte zudem das im ›Neuen Palast‹ eingelagerte Schießpulver und zerstörte das bedeutendste Gebäude der Sigismundzeit. Nach der **Rückeroberung** Budapests war die Burg nur noch eine **Ruine**.

Ehrwürdiger Ort der Kunst und der Geschichte: In den alten Gemäuern des Burgpalastes haben inzwischen hochrangige Museen Einzug gehalten

Als König *Karl III. von Habsburg* (1711–1740) sich zur Entwicklung eines neuen barocken Palastes entschloss, wurden die schadhaften Mauern des einst in ganz Europa berühmten Bauwerks abgerissen und die für den **Neubau** benötigte Fläche bis auf das Niveau des sich nach Norden anschließenden Großen Hofs planiert. Von jenen nach Plänen *Fortunato de Pratis* unter Bauleitung von Johann Hölbling zwischen 1714 und 1723 errichteten Gebäuden steht heute noch der erste südliche Flügel.

Die Tochter Karls III., Kaiserin *Maria Theresia* ließ dann 1740–80 die letzten Reste des alten Königspalastes beseitigen und den Bau nach Norden durch einen zweistöckigen Palast mit Mittelrisalit erweitern. Die Pläne stammen von dem Wiener Hofbaumeister Jean-Nicolas Jadot und von Nicolaus Pacassi. Für den der Donau zugekehrten Flügel des **Palastkomplexes** von Maria Theresia lieferten Franz Anton Hillebrandt und Ignaz Oracsek Entwürfe mit U-förmigem Grundriss. Die bis 1770 abgeschlossene Anlage gewährte 1762–72 dem Stift der Englischen Fräulein Domizil, 1779–84 war hier die von Nagyszombat nach Budapest verlegte **Universität** untergebracht.

Nach 1790 bestimmte der Wiener Hof die Burg zur **Residenz** des **Königlichen Statthalters**. Durch einen großen Brand im Jahre 1810 und die Belagerung durch die Honvéds während des ungarischen Freiheitskampfes im Mai 1849 erlitt auch der neue Budaer Burgpalast großen Schaden. Die Krönung von Kaiser *Franz Joseph I.* zum König von Ungarn und der Ausgleich zwischen dem Wiener Hof und der ungarischen Regierung im Jahre 1867 weckten neue Repräsentationswünsche für einen großzügigen Schlossum- und -ausbau. Dies verwirklichten die Architekten *Miklós Ybl* (1869–1891) und *Alajos Hauszmann* (1893–1905). 1875 begann Ybl an der Westseite des Burgbergs über der sog. Kristina-Stadt einen Flügel im Stil der Neorenaissance zu bauen. Durch Hauszmanns architektonische Leistung erreichte die vereinheitlichte neobarocke **Donauhauptfassade** eine Länge von 304 m. Dabei wurden die Bauten Karls III. und Maria Theresias unter Einfügung eines kuppelgeschmückten und säulenverzierten Mittelflügels und einer gemeinsamen Dachkonstruktion miteinander verbunden.

Kurz vor Ende des Zweiten Weltkriegs brannte das Schloss aus. Parallel zum

Fundstück – Skulptur aus der Sigismundzeit, wiederentdeckt bei Ausgrabungsarbeiten

Wiederaufbau wurden in noch heute andauernden Ausgrabungsarbeiten Teile des mittelalterlichen Königspalastes, Skulpturen sowie verschiedene Baufragmente und mehrere tausend Kleinkunstgegenstände freigelegt. Bei der Restaurierung entschied man sich in den 1950er-Jahren für eine ›eklektizistische‹ Architekturvariante, wobei die Palastflügel zwei weiträumige Binnenhöfe bilden und die der Donau zugewandte kuppelgekrönte Hauptfassade recht wirkungsvoll in Erscheinung tritt.

Seit Ende der 60er-Jahre des 20. Jh. sind folgende Kulturinstitutionen im Burgbereich untergebracht: **Flügel A, B, C und D** – Ungarische Nationalgalerie (seit 1975); **Flügel E** – Historisches Museum der Stadt Budapest (seit 1967); **Flügel F** – Nationalbibliothek Széchenyi (seit 1985).

2 Historisches Museum der Stadt Budapest

Budapesti Történeti Múzeum

TOP TIPP *Die Sammlung macht die Geschichte von Stadt und Burgberg anschaulich.*

I., Szent György tér 2,
im Flügel E des Burgpalastes
Tel. 1/224 37 00
www.btm.hu
März–Okt. tgl. 10–18 Uhr

Das Historische Museum von Budapest hat in den Räumen des Burgpalastes einen passenden Rahmen gefunden. Die Festung wurde auf den Mauern des alten Palastes erbaut. Heute durchwandert man von den Kellergeschossen nach oben gleichsam ihre verschiedenen Bauperioden. In den oberen Stockwerken des Museums wird anhand von Zeitdokumenten, Fundstücken, archäologischen Ausgrabungen und Zeugnissen der bildenden Kunst die territoriale **Entwicklungsgeschichte** der **Donaumetropole** veranschaulicht. Der Besucher erfährt Wissenswertes über die Besiedlung des Gebiets vor den Magyaren und die Entwicklung nach der Landnahme durch die Ungarn. Groß angelegte Wechselausstellungen behandeln wichtige Epochen der ungarischen Geschichte.

Aus dem Palast Ludwigs des Großen kann der (rekonstruierte) untere Teil der ursprünglich zweistöckigen gotischen *Schlosskapelle* von 1366 besichtigt werden. Am 18. August 1990 als St.-Stephans-Kapelle (Szent-István-Kápolna) neu geweiht, wird sie für ökumenische Gottesdienste genutzt. Der zweischiffige *Große gotische Saal*, der einst Gemach der Königin war, ist ein besonderes architektonisches Erlebnis.

Zu den bedeutendsten Ausstellungsstücken des Museums gehören die etwa 40 Skulpturen im **Mezzanin**, Teile eines umfangreichen Figurenprogramms, das *Kaiser Sigismund* in Buda in Auftrag gegeben hatte. Die Plastiken kamen 1974 bei Ausgrabungsarbeiten im nördlichen Burgvorhof ans Tageslicht. Der Aufsehen erregende Fund rückte den ungarischen Königshof der Zeit um 1400 in den Rang eines europäisch bedeutsamen Zentrums für **gotische Skulptur** im Umfeld des sog. Weichen Stils. Bei den bis zu 135 cm hohen Figuren, aus Kalkstein der Budaer Umgebung gefertigt und äußerst fein ausgearbeitet, handelt es sich um Darstellungen von Heiligen und Bischöfen sowie von Rittern und Damen des Hofes, deren Gewänder sich an der europäischen Mode um 1360/70 orientierten. Sie wurden wahrscheinlich von französischen Steinmetzen in Kenntnis des Figurenprogramms an der *Tour Maubergeon* – des Schlosses des Duc de Berry in Poitiers (1385) – angefertigt. Während sich an einigen Stücken der einzigartigen Kollektion eine ursprüngliche Bemalung und Vergoldung nachweisen lässt, scheint ein anderer Teil der Figurenfragmente entweder unvollendet geblieben oder durch einen Akt von Bilderstürmerei zerschlagen und verstümmelt worden zu sein.

Die größtenteils aus der Sigismundzeit stammenden **Befestigungsanlagen** des Burgpalastes sind von der Terrasse des Historischen Museums besonders gut zu überblicken. Neben der Ruine des Stephansturms (um 1330) sind rechts Teile des inneren Mauerrings und, um den Kolbenturm herum, Reste der äußeren Burgmauer zu sehen. Sie werden von zwei zur Donau hinabführenden Mauerläufen (Kurtinen) überschritten, die am Flussufer in zwei gewaltigen Basteien enden. Eine große Rundbastei (Durchmesser 40 m, Wandstärke 5 m) mit einem Torturm – von den Türken des steilen Anstiegs wegen als Turm des ›Verschnauftores‹ bezeichnet – versperrte die südliche Wagenauffahrt zum Burgpalast.

Von klugem Bauen zeugt der das Rondell oben abschließende, rekonstruierte sog. Mordgang. Die hohe Bastion mit Schießscharten zwischen vorspringenden Steinmauern und einem Holzgeländer an der Innenseite gilt als Erfindung des Ingenieurs Domenico da Bologna (vor 1541).

Im **Hof** des Historischen Museums markieren verschiedenfarbige Steine die Grundrisse der zerstörten mittelalterlichen Königsbauten.

Glanzvolle königliche Bibliotheca Corviniana – die Nationalbibliothek Széchenyi verwahrt 52 kostbare Originalcorvinas

3 Nationalbibliothek Széchenyi
Országos Széchenyi Könyvtár

TOP TIPP *Aufbewahrungsort einer der glanzvollsten Bibliotheken der Renaissance.*

I., Szent György tér 2,
am Löwenhof im Flügel F
Tel. 1/224 37 00
www.oszk.hu
Di–Fr 9–21, Sa 9–20 Uhr

Der durch das Nordtor Eintretende mag sich einen Moment lang an die Höhle des Löwen erinnert fühlen. Den Furcht einflößenden naturalistischen Tierskulpturen von *János Fadrusz* (1901/02) verdankt der große Binnenhof seinen Namen. An seiner Westseite wird der **Löwenhof** von einem in den 90er-Jahren des 19. Jh. errichteten Gebäude (Miklós Ybl/Alajos Hauszmann) abgeschlossen.

Die Bibliothek wurde 1802 von **Ferenc Graf Széchenyi** gegründet. Als kostbarsten Besitz birgt sie eine umfangreiche Sammlung von Handschriften aus der Zeit des Matthias Corvinus. Die glanzvolle königliche **Bibliotheca Corviniana** war seit der Mitte des 15. Jh. über die Grenzen Ungarns hinaus ein Begriff. Ihr Name leitet sich von jenem Raben mit dem Ring im Schnabel her, der das Wappen des humanistisch gebildeten Renaissancekönigs Matthias Corvinus zierte. Mit diesem Wappen ließ Taddeo Ugoleto, Matthias' Hofbibliothekar aus Florenz, jeden Kodex versehen. In vergoldetem Silber mit Emaille-Einlage prangt es als kunsthandwerkliches Kleinod auf den Bucheinbänden aus vergoldetem, gepunztem oder besticktem Leder, auf violettem Samt, roter oder grüner Seide.

Die in Griechisch und Latein verfassten und nach 1410 zudem mit üppiger Buchmalerei und prächtiger Kalligraphie ausgestatteten **Handschriften** behandeln Themen aus den Bereichen Philosophie, Dichtkunst, Rhetorik, Medizin, Astronomie, Geographie, Architektur und auch Kriegsgeschichte.

Einige der begehrten, kunstvollen Bücher wurden von den Königen in der Matthias-Nachfolge verschenkt. Sultan Suleiman II. ließ nach dem Sieg bei Mohács 1526 einen Teil der Bibliothek in die Türkei bringen. Quellen aus dem 17. Jh. berichten, dass der Pascha von Buda die verbliebenen Kodizes sorgsam gehütet habe. In einer diplomatischen Geste Sultan Abdul Hamids wurden Österreich-Ungarn 1877 einige Corvinen zurückgegeben. Die Bibliothek des Renaissancekönigs umfasste **2000–2500 Bände**. Ungarn besitzt heute 52 der 216 erhaltenen Originalcorvinas. Die anderen werden in 47 Bibliotheken in 16 Ländern aufbewahrt.

4 Ungarische Nationalgalerie
Magyar Nemzeti Galéria

TOP TIPP

Bildende Kunst Ungarns von der Romantik bis heute.

Szent György tér 2,
in den Flügeln A, B, C und D des Burgpalastes
9. März– 31. Okt. Di–So 10–18 Uhr,
sonst Di–So 10–16 Uhr

Als selbstständige Einrichtung zur Sammlung, Erforschung und Präsentation der bildenden Kunst des Landes wurde die ungarische Nationalgalerie 1957 gegründet und zunächst in einem Gebäude am Kossuth-Platz untergebracht. Ihren Grundstock bildeten private, öffentliche und eine seit 1880 bestehende hauptstädtische Sammlung. Inzwischen ist der Bestand auf nahezu **70 000 Werke** angewachsen. Seit 1975 ist die Nationalgalerie in der Burg untergebracht.

Im **Erdgeschoss der Flügel D und C** werden mittelalterliche Plastik und Tafelmalerei Ungarns gezeigt, u. a. drei Holzskulpturen im ›Weichen Stil‹ des beginnenden 15. Jh. (›Hl. Dorothea‹ und ›Hl. Katalin‹ aus Barka und ›Madonna‹ aus Toporc). Im Januar 2000 wurde im D-Flügel das mittelalterliche Lapidarium wieder eröffnet. Etwa 200 Exponate geben einen Einblick in die Steinbildhauerkunst Ungarns im 12.–15. Jh.

Im **1. Obergeschoss des Flügels D** sind im ehem. Zeremoniensaal der Kaiserin Maria Theresia spätgotische Flügelaltäre ausgestellt. Eines der Hauptwerke ist die Tafel ›*Heimsuchung*‹ des Meisters M. S. von 1506 im Vorzimmer des Saals. Sie war Teil eines Altars in Selmecbánya. Ungarische Barockkunst ist in den Räumen der ehem. **Kaisersuite**, so auch im Prunkschlafsaal, zu sehen. Herrscherporträts, Grabmalplastik, Hausaltäre und Kabinettbilder mit religiöser Thematik zeugen vom Mäzenatentum des ungarischen Adels.

An diese Barockgalerie schließen sich im **1. Obergeschoss der Flügel B und C** Malerei und bildhauerische Werke des 19. Jh. an. Die Malerei der Romantik ist gut vertreten durch Landschaften von Károly

Bedeutender Vertreter der ungarischen Freiluftmalerei: Pál Szinyei Merse schuf das ›Maifest‹ im Jahr 1873

Markó und Károly Kisfaludy, das Biedermeier durch brav-behutsame Porträts und erzählfreudige Genrebilder von Miklós Barabás (›Ankunft der Braut‹, 1856). Ein wesentlicher Zug der ungarischen Malerei, das tief verinnerlichte, nicht selten melancholisch verklärte Treuebekenntnis der Künstler zu ihrer Nation kommt besonders in den großformatigen *Historienbildern* der zweiten Jahrhunderthälfte zum Tragen (Viktor Madarász ›Die Beweinung László Hunyadis‹, 1859; Bertalan Székely ›Die Frauen von Eger‹, 1867). Mit den Möglichkeiten der Freilichtmalerei setzte sich *Pál Szinyei Merse* auseinander (›Maifest‹, 1873). Der herausragenden Stellung *Mihály Munkácsys* in der ungarischen realistischen Malerei wird durch die Darbietung seiner Bilder in einem Sonderraum entsprochen. Für das Gemälde ›Der letzte Tag des Verurteilten‹ hatte der Maler beim Pariser Salon 1870 eine Goldmedaille erhalten.

Im **2. und 3. Obergeschoss** kann man die Entwicklung der bildenden Kunst Ungarns im 20./21. Jh. nachvollziehen. In den oberen Räumen sind auch Wechselausstellungen aus dem reichen Bestand der Grafischen Sammlung (sie umfasst ca. 40 000 Blatt) eingerichtet.

Zum Angebot der Ungarischen Nationalgalerie gehören ferner große *Sonderausstellungen*, wobei die *›Stilkunst um 1900‹* einen Forschungsschwerpunkt bildet. Das Erscheinungsbild jener euphorischen Kunstbewegung der Jahre 1896–1914 ist breit gefächert. In einer besonders auf Repräsentation bedachten Historienmalerei rückten Künstler 1000 Jahre nach der Landnahme das Nomadenleben der Ungarn ins Reich der Mythen. Neben dieser stark von kultischen Zügen geprägten Richtung gab es eine bekenntnishafte Heimatkunst voll malerischer Delikatesse. Inmitten dieser Kunstlandschaft steht *Tivadar Csontváry Kosztka* einmalig da. Drei seiner eigenwillig visionären Gemälde (darunter ›Die Ruinen des griechischen Theaters in Taormina‹, 1904/05) sind im Treppenaufgang zwischen dem 2. und 3. Obergeschoss zu bewundern. Sie üben in ihrer ungewöhnlich strahlenden Farbkraft eine bezaubernde Wirkung auf den Besucher aus. In den Bildern von *József Rippl-Rónai* verbindet sich neoimpressionistischer Pointillismus französischer Prägung mit dem Raffinement graziöser Stilisierung und geheimnisvoller Symbolik (›Frau mit Vogelbauer‹, 1892).

Jagdausflug im Burghof – Renaissancekönig Matthias am gleichnamigen Brunnen in Gestalt eines Waidmanns

Von Flügel C gelangt man zum Eingang der **Habsburger Palatinskrypta**. Während der Regierungszeit Maria Theresias wurde im Innenhof des Nordtrakts unter Leitung des kaiserlichen Hofarchitekten Jean Nicolas Jadot eine dem hl. Sigismund geweihte Burgkapelle mit einer Krypta eingerichtet. Nicolaus Pacassi und Franz Anton Hillebrandt verlegten im Zuge des Palastausbaus die Kapelle in den Westtrakt des Nordflügels. Die Krypta diente bis 1777 dem Orden der Englischen Fräulein als Begräbnisstätte. Ab 1820 wurde sie von den in Ungarn eingesetzten Palatinen des Hauses Habsburg als Familiengrabstätte genutzt, wobei sich die mit dem Umbau befassten Architekten (Franz Hüppmann, Miklós Ybl, Alajos Hauszmann) die Florentiner Medici-Kapelle zum Vorbild nahmen. Die drei gewölbten Räume auf einer Grundfläche von 25 x 7,5 m sind mit einer Marmorauflage versehen, die Decke mit einem Sternenhimmel und die Zwickel mit Engelsfiguren ausgemalt. Die bildhauerischen Werke schufen Alajos Stróbl, Károly Senyei und György Zala (Standbild und Relief des Grabmals des Palatin Joseph, gestorben 1847). Ein Großteil der reichen kunsthandwerklichen Innenausstattung fiel 1972 einem Raub zum Opfer, die sterblichen Überreste der Palatine wurden verstreut. Ende der 1980er-Jahre stellte man die Krypta weitgehend wieder her.

Im äußeren Burghof beschwört ein in die Nordfassade der ehem. Sigismundkapelle eingepasster **Matthias-Brunnen** (Alajos Stróbl, 1904) die Glanzzeit des Königspalastes. Thematik des oft mit der Fontana di Trevi in Rom verglichenen Brunnens ist die Ruhmeshymne auf den volkstümlichen Renaissancekönig Matthias. In fürstlicher Herrscherpose erweckt er bei einer Jagd als unbekannter Weidmann in Begleitung seines Obersten Hofjägers und des italienischen Hofdichters Galeotto Marzio (zur Linken) die Liebe eines ungarischen Landmädchens, der schönen Ilonka (zur Rechten).

Der Flügel A des Burgpalastes wird nach Auszug des Ludwig Museums in den im IX. Stadtbezirk errichteten Palast der Künste künftig ebenfalls von der Ungarischen Nationalgalerie genutzt. In den umgebauten und nun klimatisierten Räumen sollen Sonderausstellungen und die Ständige Sammlung Ungarische Kunst ab 1946 gezeigt werden.

Gewiss unverbaut bleibt der grandiose Ausblick durch die Museumsfenster auf das Pester Donauufer.

5 Sándor-Palais
Sándor palota

Heute wieder Residenz der ungarischen Ministerpräsidenten.

Szent György tér 1–2
Standseilbahn ab Clark Ádám tér

An jener Stelle, an der der Burgberg 1853–57 nach Plänen des englischen Ingenieurs *Adam Clark* von einem Tunnel untergraben wurde und sich von der Ostseite die Wagen der Standseilbahn hinaufziehen, liegt der **Szent-György-Platz**. Im Mittelalter war er Schauplatz von Ritterspielen und Jahrmärkten.

An diesem geschichtsträchtigen Platz ließ Graf Vincent Sándor 1806 von Mihály Pollack einen **klassizistischen Palast** errichten. Von dem Gebäude spannte sich eine heute nicht mehr erhaltene geschlossene Verbindungsbrücke zum angrenzenden Theater. Im **Stadtpalais** des Grafen wurden einst rauschende Bälle gefeiert. Die wohl berühmtesten Gäste waren im Herbst 1814 Friedrich Wilhelm III. von Preußen, der russische Zar Alexander I. und Kaiser Franz von Österreich.

Beherbergte einst berühmte Staatsoberhäupter und heute wieder den ungarischen Staatspräsidenten und sein Kabinett – das Sándor-Palais

1867 wurde das Palais von *Miklós Ybl* umgebaut und diente von da an bis 1944 als Regierungssitz. Nach langjährigen Restaurierungsarbeiten und Diskussionen über die Nutzung des Gebäudes wurde das Haus am 15. März 2002, dem Jahrestag der Revolution von 1848, als **Residenz des ungarischen Staatspräsidenten** eingeweiht.

Täglich um 12 Uhr erklingt auf dem Balkon die Fanfare als Auftakt zur Zeremonie der Wachablösung in historischen Uniformen.

Der Vorläufer des Schachcomputers

Farkas Kempelen (1734–1804) war nicht nur Architekt des Budaer Burgtheaters, er war zugleich Techniker und Wissenschaftler. Zunächst jedoch schlug der **vielseitig Begabte** die Beamtenlaufbahn ein und arbeitete als Sekretär und Berater am Hof Maria Theresias.

Als ihm dies zu langweilig wurde, verlegte er sich kurzerhand aufs Erfinden. Mit seinen **genialen Ideen** machte sich Kempelen zu Lebzeiten weit über die Grenzen Ungarns hinaus einen Namen. Auf sein Konto gehen das Urbild der Dampfturbine, eine Schreibmaschine für Blinde und eine Maschine, die den Mechanismus der menschlichen Sprache nachahmte.

Mit seinem 1769 entworfenen **Schachautomaten** versetzte Kempelen jedoch ganz Europa in Staunen. Diese Erfindung, die 1954 in den USA verbrannte, ist durch eine Zeichnung von Edgar Allen Poe überliefert: Eine **Puppe** in Gestalt eines Türken saß an einem kastenförmigen Tisch, konnte ihren Arm bewegen und besiegte durch brillante **Schachzüge** jeden Gegenspieler. Als der Automat Friedrich II. schachmatt setzte, soll der Erfinder dem Preußenkönig sein Geheimnis verraten haben: Der Schachautomat war ein Scherz, der durch raffinierte optische und mechanische Tricks funktionierte: In seinem Inneren war ein **Zwerg** verborgen, der die Schachfiguren so geschickt bewegte, dass niemand etwas bemerkte.

Bewegte Baugeschichte – erst Kirche, dann Moschee, schließlich Burgtheater

6 Burgtheater
Várszínház

Erstes ständiges Theater Budapests in der ehem. Karmeliterkirche.

Színház utca 1–3

Die **Baugeschichte** des Burgtheaters reicht genau genommen an den Beginn der Budaer Stadtentwicklung zurück. Noch im 13. Jh. errichteten die Franziskaner an dieser Stelle ein Kloster. Während der Türkenherrschaft residierten die Paschas im Ordenshaus, die Johannes dem Evangelisten geweihte Kirche wurde als **Moschee** genutzt. Sie stürzte 1686, im Jahr der Rückeroberung von Buda, ein. Zwischen 1725 und 1736 errichtete der Karmeliterorden einen Kirchenneubau im Stil des Spätbarock. Nachdem Kaiser Joseph II. verfügt hatte, die Orden aufzulösen, wies er 1786 an, das Klostergebäude in ein **Kasino** und die Karmeliterkirche in ein **Theater** umzugestalten. Diese Aufgabe löste *Farkas Kempelen* durch eine Fassade im Zopfstil und einfallsreich konstruierte Holzeinbauten, mit denen er beispielsweise die ehem. Grabkapelle als Raum für die versenkbare Bühne nutz-

Für ein freies Vaterland: Das Honvéd-Denkmal erinnert an die Opfer des ungarischen Freiheitskampfs

te und die Emporen der Kirche in Logen für die gräflichen Familien verwandelte.

Im **Burgtheater**, dem ersten ständigen Theater von Budapest, wurde zunächst ausschließlich in deutscher Sprache gespielt. Die erste ungarische Aufführung eines nationalen Theaterstücks am 15. Oktober 1790 gilt als bedeutendes Ereignis im Gesellschaftsleben der zu dieser Zeit zahlenmäßig bereits überwiegend ungarischen Bürger der Hauptstadt.

Eine 1978 abgeschlossene **Restaurierung** hält jenen Zustand fest, den das Gebäude durch seine klassizistischen Erweiterungen im 19. Jh. erhielt. Die Zahl der Zuschauerplätze ist gegenüber der Gründungszeit auf ein Viertel reduziert (damals 1200, heute 264). Jetzt ist hier das Nationale Tanztheater (*Nemzeti Táncszínház*) untergebracht.

In den Sommermonaten wird der *Hof* des ebenfalls restaurierten **Ordenshauses** des ehem. Karmeliterklosters (Színház utca 5–11) für Freilichtaufführungen wie für spirituelles Rocktheater genutzt.

7 Paradeplatz
Dísz tér

Spalier aus Bürgerhäusern und Palais.

Bus 16

Der Disz tér ist das ›Nadelöhr‹ des Burgbergplateaus. Durch zwei nahe beieinander liegende Stadttore – das *Viziváros-* (Wasserstadt-) Tor im Osten und das *Fehérvárer-* (Stuhlweißenburger-) Tor im Westen – gelangt man an jene zentrale Nahtstelle, an der die Bürgerstadt und der Palastbereich ineinander übergehen.

Der Platz vor der nicht mehr erhaltenen Georgskirche ist mit manch blutigen Erinnerungen belastet – von den umliegenden Häusern schaute man einst Hinrichtungen zu. Heute steht an der Stelle der 1686 abgebrannten Kirche das 1893 enthüllte **Honvéd-Denkmal** mit der Inschrift ›21. Mai 1849/Für ein freies Vaterland‹. Die Bronzefiguren von György Zala und das hohe Treppenpostament aus Kalkstein von Albert Schickedanz erinnern an die Opfer des *ungarischen Freiheitskampfes*.

Den heutigen Platz prägen palastartige Häuser aus der Zeit des Barock und des Klassizismus. Der Familie Batthyány gehörte bis 1945 der zweistöckige **Barockpalast** am Dísz tér 3. Graf Lajos Batthyány hatte ihn 1743 als Statthalter nach Plänen des Architekten Joseph Giessl aus Wien durch den Baumeister Martin Sigl aus Buda errichten lassen. Das Nachbargebäude, das **Kremsmünsterhaus** am Dísz tér 4–5, erbaute der italienische Architekt Venerio Ceresola gemeinsam mit Christopher Griuzenberg aus der Steiermark. In den Neubau wurden verbliebene Mauern mittelalterlicher Häuser einbezogen. Dank dieses Umstands sind im Torgang die ältesten *Sitznischen* des Burgviertels aus der 2. Hälfte des 13. Jh. erhalten geblieben.

An der gegenüberliegenden Platzseite (Dísz tér 11) baute Venerio Ceresola gegen Ende des 17. Jh. sein eigenes **Wohnhaus**, wobei er ebenfalls die Mauern der mittelalterlichen Vorgängerbauten nutzte. Das Gebäude erhielt bei späteren Renovierungen schließlich eine klassizistische *Fassade*.

Ebenfalls an der Westseite, Dísz tér 15, gleich neben der ältesten Konditorei Budas (›Korona‹), steht das sog. **Schultz-Haus,** in dem heute ein Postamt untergebracht ist. Reste mittelalterlichen Mauerwerks sind im Erdgeschoss erhalten. Zu Beginn des 16. Jh. gelangte der Bau in erzbischöflichen Besitz und wurde nach einem Brand 1723 von János Schultz gekauft, dem es den barocken Südflügel verdankt. Die heutige, eigenwillig gestaltete Fassade mit Torgang und stimmungsvollem, von Arkaden umzogenem Innenhof erhielt der Barockpalast jedoch erst Ende des 18. Jh.

8 Tárnokstraße
Tárnok utca

Mittelalterliche Marktstraße mit schönen Handelshäusern und stimmungsvollen Gaststätten.

Vom Dísz tér zum Szentháromság tér (Dreifaltigkeitsplatz) führt die Tárnok utca. Sie ist die **breiteste Straße** im Burgviertel und verläuft parallel zu der am oberen Bergrand erbauten Stadtmauer. Die Geschichte der Straße reicht in die Anfänge der Stadtentwicklung im 13. Jh. zurück, als Buda nach dem Mongolensturm unter König Bela IV. als Bürgerstadt errichtet wurde. Der Handelsplatz am bewachten Donauhafen blühte zu einem internationalen Handelszentrum auf, die Kaufmannschaft vereinigte sich in Zünften, genoss Sonderrechte und wurde durch königliche Privilegien geschützt. Die Tárnokstraße gehörte im Mittelalter den Kaufleuten. Mittwochs, wenn die deutschen Bürger hier ihren **Markt** abhielten, nahm das turbulente Treiben der Händler die gesamte Breite der Straße ein und zog sich hinunter bis zur Georgskirche, wo am Dísz tér ebenfalls ein Markt stattfand.

Die **Handelshäuser** in der Tárnok utca 14 und 16 sind typische Denkmäler dieses frühen Abschnitts der Stadtgeschichte: Sie besaßen ursprünglich nur ein Stockwerk und standen mit der Traufseite zur Straße. Gegen Ende des 15. Jh. wurde den unteren Verkaufsräumen mit Ladenfenstern aus dem 14. Jh. ein vorkragendes, auf Steinkonsolen ruhendes und durch eine Reihe von Segmentbögen gegliedertes oberes Stockwerk aufgesetzt. Die kräftige, fröhliche *Bemalung* der Innenräume und der Außenwände mit ornamentalen Mustern oder geometrisierenden Quaderimitationen in Schwarz, Grün, Weiß oder Gelb war für den gotischen Hausbau in Buda bezeichnend. Eine Vorstellung von diesem Schmuck vermittelt das **Haus Nr. 14**, dessen *Wandmalerei* aus der Zeit um 1500 nach gesicherten Farbspuren rekonstruiert werden konnte. Die beiden Handelshäuser Nr. 14 und 16 beherbergen heute stimmungsvolle **Gaststätten** (›Arany Hordó‹).

Ensemble aus Handelshäusern: In der Tárnokstraße, der breitesten Straße des Burgviertels, reihen sich Häuser aus verschiedenen Jahrhunderten aneinander

POSTA
Posta
PROVIDENCIA

Excellent
Handicrafts

◁ *Im Burgviertel: ein Ständchen für die Touristen, das Apothekenmuseum in der Tárnokstraße, die Post am Paradeplatz, Paprika in allen Variationen und folkloristische Souvenirs*

Das ehem. gotische Handelshaus *Tárnok utca 18* besitzt im Erdgeschoss einen Ladenraum in üppiger barocker Ausstattung, der 160 Jahre lang als Apotheke ›Zum Goldenen Adler‹ genutzt wurde und heute als **Apothekenmuseum** (Di–So 10.30–17.30 Uhr) zu besichtigen ist.

9 Matthiaskirche
Mátyás templom

Im 19. Jh. im gotischen Stil restaurierte Krönungskirche der ungarischen Könige.

Szentháromság tér

Etwa zeitgleich zum Bau des Königspalastes unter Béla IV. wuchs am nördlichen Ende des Burgbergs eine befestigte Stadt heran. Die für die vorwiegend deutschen Siedler errichtete **Pfarrkirche** *Unserer Lieben Frau* entstand 1255–69. Ende des 14. Jh. erfolgte der Umbau zur **hochgotischen Hallenkirche**. Im Jahr 1384 stürzte während eines Gottesdienstes der südliche Westturm ein.

Als König Sigismund Steinmetze der *Parlerwerkstatt* aus *Prag* zu Arbeiten in die königliche Burg nach Buda rief, schufen sie gleichzeitig die figurale **Bauplastik** in der Liebfrauenkirche und führten die beiden Seitenschiffe bis zur Höhe des Mittelschiffes auf. Um 1443 wurde das Dach der dreischiffigen Hallenkirche mit farbig glasierten Wiener Dachziegeln gedeckt.

Unter Matthias Corvinus wesentlich bereichert durch ein dem südlichen Seitenchor angefügtes königliches Oratorium und einen den eingestürzten Südwestturm ersetzenden fünfgeschossigen, 1470 vollendeten **Turm**, trug die Kirche fortan den Namen *Matthiaskirche*. 1526 von den Türken in Brand gesteckt, 1541 zur Moschee umgewandelt, gelangte sie nach der Rückeroberung Budas zunächst für kurze Zeit in den Besitz der Franziskaner und nachfolgend in den der Jesuiten. Zwischen 1688 und 1714 entstanden die Anbauten eines Kollegiums an der Nordseite und ein Priesterseminar an der Südseite. Gleichzeitig erhielt die Kirche eine barocke Innenausstattung.

Zwischen 1874 und 1896 verlieh ihr *Frigyes Schulek* in einer groß angelegten **Restaurierung** anlässlich der Tausendjahrfeier der Landnahme der Ungarn ihre heutige Gestalt. In seinem Bemühen, die

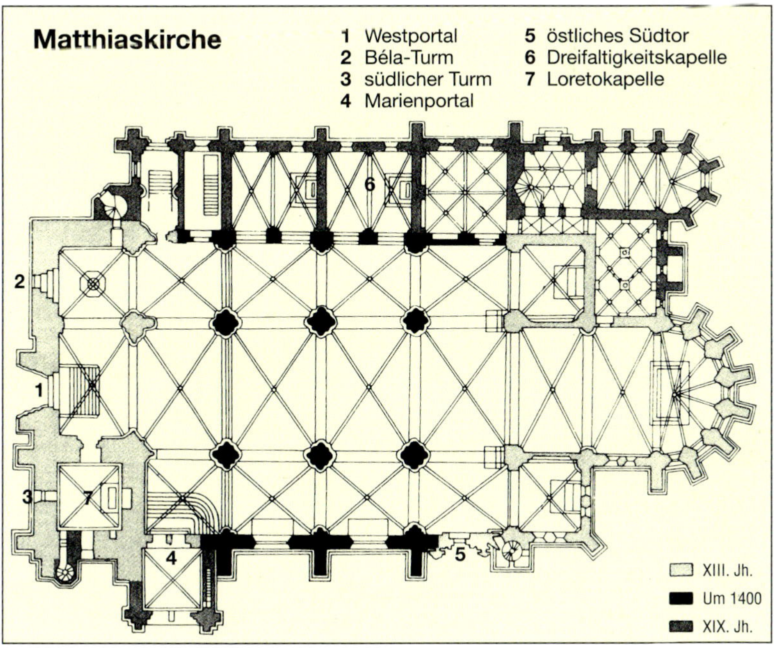

Matthiaskirche als mittelalterliches Bauwerk wieder herzustellen, opferte er nicht nur barocke Bausubstanz, sondern ersetzte auch originale Bauteile durch Kopien. Nach den schweren *Kriegsschäden* von 1944/45 blieb die Kirche lange Zeit gesperrt, ihre Restaurierung erfolgte zwischen 1954 und 1970. Seit Herbst 2005 laufen wieder Rekonstruktionsarbeiten.

Als eine der **Krönungskirchen** der ungarischen Könige besaß die Matthiaskirche über Jahrhunderte große Bedeutung. 1308 wurde hier *Karl Robert von Anjou* zum König gekrönt, 1385 Sigismund von Luxemburg.

Auch die feindlichen Eroberer vereinnahmten die Kirche: 1541 versammelten sich die Türken unter Sultan Suleiman zu einem Dankgebet für den geglückten Einzug in Buda. 1916 erlebte die Matthiaskirche mit der Krönung des **letzten ungarischen Königs**, Karl IV. aus dem Hause Habsburg, das letzte politische Großereignis.

Filigranes Maßwerk – die neogotische Vorhalle der Matthiaskirche ▷

Westfassade: Die zweitürmige, dreifach gegliederte Westfront der Kirche ist als beherrschende Schauseite ausgebildet. Das spitzbogige **Westportal** [1] mit Weinblattornamentik im äußeren Bogenlauf zeigt im Tympanon eine Madonna zwischen knienden Engeln. Das Relief schuf *Lajos Lantai* nach dem Zweiten Weltkrieg in Anlehnung an mittelalterliche Vorbilder. Schulek erneuerte die frühgotische Fensterrosette. Ein Dreiecksgiebel über einem Kranzgesims beschließt die Mitte der Westfassade. Die Wände des nördlichen (linken) **Béla-Turms** [2] stammen aus dem 13. Jh., die Blendarkaden oberhalb des Kranzgesimses einschließlich des Turmhelms mit seinem bunten Dachziegelmuster sind das fantasievolle Werk Frigyes Schuleks. Auch den rechten, **südlichen Turm** [3] hat Schulek gegen Ende des 19. Jh. im Sinne der spät-

Durch die Jahrhunderte Krönungsort ungarischer Könige – die Matthiaskirche

Gotische Prachtentfaltung: Der Chorbereich der Matthiaskirche glänzt in dunklen Goldtönen

mittelalterlichen Baukunst errichtet. Während die beiden Untergeschosse auf den nördlichen Westturm abgestimmt sind, nehmen die feingliedrigen Achteckgeschosse dem 80 m aufragenden Turm mit seinem filigranen Steinhelm jegliche Schwere. Einen Akzent an der stadteinwärts gerichteten Seitenfront setzt das **Marienportal** [4]. Es wird durch einen von Schulek entworfenen Vorbau, den man von der Straße aus durch ein spitzbogiges Tor erreicht, geschützt. Die Ergänzungen am Marienportal mit dem Relief des ›*Marientodes*‹ im *Tympanon* sind durch die bräunliche Farbtönung leicht von den mittelalterlichen Originalstücken zu unterscheiden. Die Südfassade besitzt weiter rechts noch eine zweite Pforte, ein mit Zacken- und Rautenornamenten verziertes Gewändeportal, dem sechs seitlich eingestellte Säulen mit Knospenkapitellen räumliche Tiefe verleihen. Auch in diesem **östlichen Südtor** [5] wird dem Betrachter ein ursprünglich um 1250 entstandenes Portal durch eine Nachbildung Schuleks vermittelt.

Beim östlichen Südtor führt eine Treppe in die **Chorkrypta**, die ein sehenswertes Lapidarium birgt. Den Krypta-Zugang selbst flankieren die Statuen des hl. Franz von Assisi und der hl. Elisabeth.

Über das Treppenhaus an der Nordseite gelangt man auf die *Galerie* mit dem Kirchenschatz sowie Nachbildungen der *ungarischen Königskrone* und des Reichsapfels. Der neogotische *Hochaltar* ist ene Schöpfung Schuleks. Unter der Kapellenreihe im nördlichen Schiff verdient die **Dreifaltigkeitskapelle** [6] mit dem Grabmal Bélas III. und seiner Gemahlin Anne de Châtillon besondere Erwähnung. Die Gebeine des ungarischen Königs (1172–96) wurden 1848 in der *Basilika* von Székesfehérvár (Stuhlweißenburg) aufgefunden und am 21. Oktober 1898 feierlich in der Budapester Kapelle beigesetzt.

In der nach einem bedeutenden Pilgerort in Italien benannten **Loretokapelle** [7] stehen eine barocke Madonna aus Ebenholz und eine Madonna mit Kind aus rotem Marmor (17. Jh.). Die *Fresken* an den Innenwänden schufen bis 1896 Bertalan Székely und Károly Lotz. Auf beide Künstler gehen auch die Entwürfe der *Glasmalereien* im Chor zurück, ausgeführt von Ede Kratzmann. Als ›Neuerfinder‹ der Matthiaskirche tauschte Schulek das Barockgestühl gegen eine historisierende, am Vorbild der Gotik orientierte und von ihm selbst gestaltete *Inneneinrichtung* aus.

10 Fischerbastei
Halászbástya

TOP TIPP *Die beliebte Aussichtsterrasse mit ihren sechs runden Türmen ist eines der Wahrzeichen der Hauptstadt.*

Bus 16

Das Bravourstück **historisierender Baukunst** vermag durch sein virtuos gehandhabtes Spiel mit historisch überlieferten Bauformen die Atmosphäre romantischer Ritterburgen und mittelalterlicher Klosterhöfe überzeugend hervorzubringen. Mit der Fischerbastei, die zwischen 1899 und 1905 entstand, beweist sich *Frigyes Schulek* (1841–1919) nach seinen Verdiensten in der Restaurierung historischer Baudenkmäler auch als eigenständiger Architekt. Im Rahmen der Vorbereitung der **Millenniumsfeierlichkeiten** Ungarns wurde für den zu erwartenden Menschenstrom eine ebenso praktikable wie baukünstlerisch vorzeigbare Lösung für einen verkürzten Aufstieg von der weitschlaufigen unteren Burgstraße (János-Hunyadi-Straße) zur Budaer Hauptkirche hinauf geschaffen. Gleichzeitig restaurierte man einen im Verfall begriffenen Teil der donauseitigen alten Stadtmauer auf dem Festungshügel. Dieser strategisch wichtige Abschnitt wurde im Mittelalter von der Zunft der Fischer verteidigt, denn die Fischer hielten hinter der Liebfrauenkirche Markt und wohnten im Südteil der am Berghang liegenden ›Wasserstadt‹.

An der Stelle dieser einstigen Fischer-Schutzbastei errichtete Schulek im Stil der Jahrhundertwende einen breit angelegten, auf Ensemblewirkung mit der Matthiaskirche bedachten Unterbau. Die 140 m langen Basteiwände belebte er durch eine geschickt gegliederte *Treppenkaskade*. Das **dreiteilige Treppensystem** besteht aus zwei seitlich ausei-

Wahrzeichen – die für die Millenniumsfeierlichkeiten 1896 errichtete Fischerbastei

nander laufenden Abschnitten und einer Freitreppen-Brücke, die architektonisch auf die Matthiaskirche ausgerichtet ist. Zu beiden Seiten der Brüstungsmauer umschließen Umgänge jeweils einen Basteihof. Schulek verwandelte die Wehranlage in ein friedliches Kunstobjekt; der Formenreichtum seiner zwischen Fensteröffnungen eingestellten Säulen vermittelt im Vorübergehen Architekturgeschichte. Vom südlichen Turm der Freitreppe kann man in die Unterkirche der 1443 urkundlich erwähnten St.-Michaels-Friedhofskapelle hinabsteigen.

Zum architektonischen Gesamtkonzept gehört die Aufstellung von Plastiken. Für das **Reiterdenkmal** des Staatsgründers König *Stephan I.* (István I.) sah Schulek ursprünglich eine bedeckte Kuppelhalle vor. Doch die von Alajos Stróbl in den Jahren 1898–1903 geschaffene Plastik steht, dreiseitig umschlossen vom Südhof, im Freien. Schulek entwarf für sie die Steinbrüstung, den Sockel mit vier Löwen sowie Reliefs an den Seiten, auf denen Szenen aus dem Leben des hl. Stephan dargestellt sind: die ›Krönung‹, die ›Gesetzesverkündung‹, die ›Huldigung von Wien‹ und der ›Kirchenbau‹ (in der das Modell der Kirche vorzeigenden Figur verewigte sich der Architekt).

Dem bedeutenden König zu Ehren – Kopie eines Matthias-Corvinus-Reliefs am Turm des ehem. Dominikanerklosters

11 Hotel Hilton Budapest mit ehem. Dominikanerkloster
Egykori domokosrendi kolostor

TOP TIPP *Gelungene Synthese aus Denkmalschutz und moderner Architektur.*

Hess András tér 1–2
M 2; Bus 60, 86 bis Batthyány tér

Mit der Eröffnung des **Hilton Budapest** am Silvesterabend 1976 wurde nicht nur ein Hotel der internationalen Luxusklasse seiner Funktion übergeben, sondern zugleich ein ungewöhnliches **denkmalpflegerisches Projekt** des modernen Städtebaus in Ungarn verwirklicht. Das von Béla Pinter aus Stahl, Beton und Industrieglas errichtete Gebäude fügt sich in eine traditionsreiche Kulturlandschaft ein. Während sich in den kupfertonigen Scheiben der **Außenfassade** die Architektur-Denkmäler der Umgebung wirkungsvoll spiegeln, integriert der moderne Hotelbau freigelegte und konservierte mittelalterliche Bausubstanz.

In den Jahren 1243–54 wurde an der Stelle des heutigen Hotels eine zunächst turmlose, dem hl. Nikolaus geweihte **Klosterkirche** der Dominikaner errichtet. In weiteren Bauperioden folgten in der 2. Hälfte des 14. Jh. die unteren Turmgeschosse an der Westseite und ein lang

Klangerlebnis der besonderen Art: Der Kreuzgang des Hilton Budapest ist im Sommer Schauplatz klassischer Konzerte

gestreckter Mönchschor sowie im letzten Viertel des 15. Jh. die oberen Turmgeschosse. Parallel dazu vollendete man das Kirchengewölbe und den Kreuzgang.

1539 wurde das Dominikanerkloster zum letzten Mal schriftlich erwähnt. Zwischen 1688 und 1702 ließen die Jesuiten auf jenem Gelände nach Plänen von Konrad Kerschenstein ein Barockkollegium errichten. Seine italienisierend-spätbarocke Fassade vom Ende des 17. Jh. wurde in den sechsstöckigen **Südflügel** des 1974 begonnenen Hotelkomplexes integriert. Der vierstöckige Neubaublock nördlich des maßwerkverzierten spätgotischen Kirchturms hingegen folgt in Grundriss und Gesimshöhe den historischen Vorgängerbauten aus dem 13.–15. Jh. und ermöglicht den Zugang zu den ausgegrabenen Architekturpartien. In einem Teil des mittelalterlichen Kellersystems wurde eine Bar eingerichtet. Der **Kreuzgang** wird als Wandelhalle genutzt; hier kann sich der Besucher an einem Matthias-Brunnen und Beispielen von Fayencen und Architekturfragmenten erfreuen. Der *Dominikanerhof* bietet in den Monaten von Mai bis Oktober Konzertliebhabern und Opernfreunden ein faszinierendes Ambiente.

In der Nähe des durch reich gegliederte Strebepfeiler verstärkten Mönchschors steht eine Figurengruppe: ›Die Mönche Julianus und Gerardus‹ (1937). Diese Schülerarbeit von Károly Antal befasst sich mit der Herkunft und Identitätsfindung der Ungarn. Sie erinnert daran, dass es Dominikanermönche waren, die sich 1235 zum ersten Mal auf den Weg ins Wolga-Gebiet begaben, um die Urheimat und Nachfahren der Magyarenahnen zu suchen.

12 Andreas-Hess-Platz
Hess András tér

Einst war Buda Zentrum des Buchdrucks in Europa.

In der Mitte des Andreas-Hess-Platzes erinnert die von József Damkó um 1935 geschaffene **Statue** an Innozenz XI. Der 1956 heilig gesprochene Papst unterstützte die ›Heilige Liga‹, deren Heer nach 75 Belagerungstagen am 2. September 1686 schließlich die türkische Besatzung beendete.

Im **Haus Nr. 4**, gegenüber dem Hotel Hilton Budapest, wirkte vor über 500 Jahren jene Persönlichkeit, nach der der Platz benannt wurde: *Andreas Hess*. Sein Name ist mit einer wichtigen, in die Regierungszeit von Matthias Corvinus fallenden Erfindung verbunden, mit der des **Buchdrucks**. Im Haus Hess András tér 4 wurde 1473 das erste in Ungarn gedruckte Buch, die ›*Chronica Hungarorum*‹, fertig gestellt. Zwei *Sitznischen* im südlichen Torgang aus der Zeit um 1340, *Maßwerkfenster* im Obergeschoss sowie *Tonnengewölbe* in den Räumen eines Kellersystems (vom Restaurant ›**Fortuna**‹ genutzt) gehören zu dem mittelalterlichen Restbestand des nach dem Zweiten Weltkrieg restaurierten Gebäudes. Seit 1830 befindet sich hier die Universitätsdruckerei, ein Hinweis auf die einstige Bedeutung Budas als europäisches Druckerei- und Buchhandelszentrum.

TOP TIPP In dem stimmungsvollen Innenhof kann man bei **Litea** Bücher und Musik-CDs kaufen. Die Buchhandlung ist ein gemütlicher Ort, an dem man am Kachelofen sitzend in Ruhe Tee trinken und schmökern kann.

13 Haus ›Zum Roten Igel‹
Vöros sün-ház

Eines der ältesten Häuser des Viertels mit tierischem Emblem.

Hess András tér 3

Das an der Stirnseite des Platzes stehende Haus erhielt seinen Namen ›Zum Roten Igel‹ 1696, zehn Jahre nach der Vertreibung der Türken. Ein Jahrhundert hindurch blieb es der einzige Gasthof im Burgviertel, der auch zum Theaterspiel und für Tanzbälle genutzt wurde. Seit 1810 trägt das Gebäude eine klassizistische **Fassade**. Ebenfalls an den Beginn des 19. Jh. wird der rotbemalte Igel auf dem **Hauszeichen** über dem Tor datiert. Doch die Baugeschichte des Gebäudes reicht wesentlich weiter zurück, bis in das 14. Jh. Bei Restaurierungsarbeiten entdeckte man vor einiger Zeit die Mauern von vier mittelalterlichen Häusern, kreuzgewölbte Räume jenseits des Torgangs sowie gotische Türen und Fenster im Obergeschoss. Das Emblem des schmiedeeisernen Igels über dem Hauseingang von der Seite der Mihály-Táncsics-Straße her hatte über Jahrzehnte zu ungarischer Gastlichkeit in den historischen Gewölben eingeladen. Inzwischen ist das Traditionslokal allerdings geschlossen und ein Souvenirladen eingezogen.

14 Mihály-Táncsics-Straße
Táncsics Mihály utca

Stimmungsvolle Altstadtgasse mit barocken und klassizistischen Häusern.

Seit 1948 trägt die vom Andreas-Hess-Platz zum Wiener Tor führende Straße den Namen des im ungarischen **Freiheitskampf** von 1848 besonders engagierten Schriftstellers Mihály Táncsics (1799–1884). Bemerkenswerte Gebäude:

Das **Haus Nr. 7** birgt seit einigen Jahren das *Institut für Musikwissenschaften* der ungarischen Akademie der Wissenschaften, das *Bartók-Archiv* und das *Musikhistorische Museum* (März–Dez. Di–So 10–18 Uhr) mit einer bedeutenden Instrumentensammlung. Das Barock-Palais entstand 1750–69 nach Plänen des Architekten Matthäus Nepauer auf den Fundamenten zweier mittelalterlicher Häuser und besitzt prächtige Fassaden zur Hof-, Donau- und Straßenseite. Ludwig van

Das Tierzeichen an der Wand verrät den Namen des Hauses: ›Zum Roten Igel‹

Beethoven wohnte hier während seines Budaer Konzerts im Jahre 1800. Der im ersten Stock liegende Konzertsaal verleiht den Musikveranstaltungen des Hauses einen festlich-exklusiven Rahmen. Zur munteren Farbigkeit des **Hauses Nr. 16**, um 1700 über einem mittelalterlichen Vorgängerbau errichtet, bilden Ornamente und Profile aus weißem Stuck einen reizvollen Kontrast. Besonderer Blickfang am Außenbau ist ein barockes *Wandbild* mit einer Szene aus dem Marienleben (Christus und Maria als himmlisches Herrscherpaar von Heiligenfiguren umgeben). In den tonnengewölbten *Torgang* sind Fundstücke älterer bauplastischer Fragmente vermauert.

Das Grundstück **Táncsics Mihály utca 9** befindet sich heute in amerikanischem Privatbesitz, derzeit werden aber Verhandlungen mit dem Besitzer geführt, um das historisch bedeutsame Gelände der Öffentlichkeit zugänglich zu machen. Zu dem sich weit zur Donau hin erstreckenden Anwesen gehört die der ursprünglichen Fischerbastei vergleichbare Anlage der **Erdély-Bastei** mit einem verzweigten System unterirdischer Verbindungsgänge. Der an die Straße grenzende Gebäudeflügel entstand 1810 als Teil der Josephskaserne. Er diente während der Befreiungskämpfe des Jahres 1848 als **Gefängnis**, in dem ungarische Politiker, Verfechter der nationalen Unabhängigkeit wie *Lajos Kossuth* und *Graf Lajos Batthyány* sowie Schriftsteller wie Mihály Táncsics und Mór Jókai eingekerkert waren.

Die früheste Bebauung des Grundstücks erfolgte während der ersten Besiedlung des Burgbergs. Hier, im nördlichen Gebiet der Bürgerstadt, lag eine vermutlich als Residenz der Königin dienende ›Magna Curia‹, der **Kammerhof**. Grabungen der letzten Jahrzehnte bestätigten die Existenz eines nach 1243 errichteten Gebäudes, zu dem eine Martinskapelle und – für das Jahr 1255 urkundlich überliefert – auch die königliche Münze gehörten.

Bevor die Straße umbenannt wurde hieß sie jahrhundertelang *Judengasse*, ein Hinweis darauf, dass dieser sehr alte Teil des Stadtviertels eng mit der Geschichte des jüdischen Bürgertums in Ungarn verbunden ist. König Béla IV. gewährte den jüdischen Einwohnern Budas bereits in einem 1251 erlassenen Freiheitsbrief eine Reihe bedeutsamer Privilegien, etwa die **freie Religionsausübung**, das Selbstbestimmungsrecht bei der Ernennung von Rabbinern und Richtern sowie die Erlaubnis zum Handelsbetrieb.

Die Juden ihrerseits trugen als gute Steuerzahler zur Vermehrung der Einnahmen der Staatskasse beträchtlich bei. Sie wohnten im Südwesten der Burg, in der Umgebung des Fehérvárer Stadttors und bauten dort 1307 eine erste **Synagoge**. Ludwig I. von Anjou vertrieb 1360 die Juden aus der Stadt. Als die Verbannten 1364 zurückkehren durften, wurde ihnen der nordöstliche Teil des Burgviertels, entlang der heutigen Mihály-Táncsics-Straße, zugewiesen. Das jüdische Getto erstreckte sich bis zur Stadtmauer am Wiener Tor (*Becsi kapu*) und war stadteinwärts durch ein Holzgatter abgegrenzt. Zwischen den Keller-, Erd- und Oberge-

Bürgerliche Pracht – die Stadtpaläste der Mihály-Táncsics-Straße

schossen der einzelnen Gebäude gab es für den Fall der Verfolgung ein weit verzweigtes Netz von Fluchtgängen. In den Zeiten des wirtschaftlichen und finanziellen Aufschwungs der Stadt – so unter König Matthias – lebten die Juden in Buda ruhig und geachtet. Auch die Türken zeigten sich ihnen gegenüber in religiösen Angelegenheiten und kaufmännischen Aktivitäten durchaus tolerant.

Nur in diesem Kontext ist zu verstehen, dass der 2. September 1686, an dem Buda von den vereinten christlichen Heerscharen zurückerobert wurde, zu einem schwarzen und blutigen Tag für die seit nahezu einem halben Jahrtausend in Ungarn lebenden Juden geriet.

Durch den Torgang des ehem. Zichy-Palastes in der **Táncsics Mihály utca 23** gelangt man in einen kastanienbaumbestandenen Garten. Auf diesem Grundstück erbaute die jüdische Gemeinde 1461 ihre *Große Synagoge*. Fragmente dieses spätgotischen Bauwerks – einer zweischiffigen gewölbten Halle nach dem Vorbild der großen Regensburger Synagoge – wurden 1964 ausgegraben. Die gefundenen Pfeilerfragmente und der Schlussstein der Großen Synagoge sind Schaustücke im Hof **Táncsics Mihály utca 26**. Im Innenhof dieses barocken Gebäudes werden Architekturfragmente einer zweiten, etwas weiter nördlich gelegenen *Synagoge* ausgestellt. Das Haus befand sich bereits gegen Ende des 14. Jh. im Besitz der Präfektenfamilie Mendel; der urkundlich überlieferte Name Isaak Kleinmendels führt zu der Benennung ›Kleinmendelhaus‹. Über Jahrhunderte hinweg war es Gebetshaus, Pfandleihe und Gefängnis. Den im Erdgeschoss liegenden Saal teilen gotische Pfeiler in drei gewölbte Räume. Aufgrund des türkischen Charakters der an der Wand freigelegten grafischen Darstellungen und der hebräischen Inschriften aus dem 17. Jh. wird angenommen, dass das **Kleinmendelhaus** während der Türkenzeit von der syrisch-sephardischen Gruppe der Budaer Juden als Bethaus genutzt wurde. Etwa ein Drittel der 75 jüdischen Familien, die ein türkisches Register im Jahr 1547 als Einwohner von Buda verzeichnet, hatten die Türken zusätzlich als Flüchtlinge aufgenommen, sie unterschieden sich in ihrer Glaubensrichtung von den alteingesessenen aschkenasischen Juden. Dies erklärt auch die Existenz zweier Synagogen im Judenviertel zu Buda.

Das **Mittelalterliche Jüdische Museum** (Mai–Okt. Di–So 10–18 Uhr) nutzt das Gebäude in der Táncsics Mihály utca 26, um in Dokumenten und Illustrationen das Leben und die *Geschichte der Budaer Juden* aufzuzeigen, im Gewölbe südlich des Torgangs sind Grabsteine der jüdischen Friedhöfe der Stadt aus dem Mittelalter und aus der Türkenzeit zu sehen.

15 Mihály-Babits-Promenade
Babits Mihály sétány

Historische Gasse hinter der nördlichen Burgstraße.

Zwischen den Häusern Táncsics Mihály utca 17 und 21 führt die Babits köz zu einem **Aussichtspunkt**, der einen prachtvollen Blick auf die Budapester Stadtlandschaft bietet. Der Weg endet in südlicher Richtung als Sackgasse – ein Eisentor versperrt den Zugang zum Privatgrundstück der Erdély-Bastei und der ehem. königlichen Kurie; nach Norden gelangt man direkt auf die Wiener-Tor-Brücke. Dieser Teil der Burgbefestigung zählte zu den einst am meisten umkämpften Bereichen des Areals. Die heute meist von Diplomaten bewohnten Häuser stehen zu einem Großteil auf den Mauern zerstörter mittelalterlicher Bauwerke.

TOP TIPP Unterhalb der Burgmauer lädt die gepflegte Anlage des **Europaparks** zum Verweilen ein: Bürgermeister europäischer Hauptstädte pflanzten hier 1972 – zum 100. Jahrestag der Vereinigung von Buda, Pest und Óbuda – jeweils einen für ihr Land typischen Baum als Symbol friedlichen Wachsens und Gedeihens. Im Burgpark sind auch bildhauerische Werke aufgestellt.

16 Wiener-Tor-Platz
Bécsi kapu tér

Entree zum Burgviertel.

M 2 bis Moszkva tér, von dort mit Burg-Bus

Die eindrucksvollste Ansicht auf die *barocke Platzanlage* mit dreieckigem Grundriss bietet sich von der Plattform der Wiener Torschanze aus. Eingriffe in die Intimität und Geschlossenheit der Ensemblewirkung durch die Platzbebauung um die Wende zum 20. Jh. fallen von hier aus am wenigsten störend ins Auge: rechts das wuchtige neoromanische Gebäude des Ungarischen Staatsarchivs (1915–18), links die neoklassizistische Evangelische Kirche (1896), in deren Sakristei sonntags auch Gottesdienste in deutscher Sprache stattfinden. Das **Wiener Tor** (*Bécsi kapu*) entstand 1936, im Jahr der 250. Wiederkehr der Befreiung Budas von der Türkenherrschaft, nach Plänen von Jenő Lechner. An dieses Ereignis erinnert hier außerdem eine *Denkmalskulptur* von Béla Ohmann aus demselben Jahr. Zur Entstehungszeit der befestigten Stadt im 13. Jh. stand hier das ›Samstagstor‹, so benannt nach dem allsonnabendlich abgehaltenen Wochenmarkt. Später hieß das Tor des nahen Gettos wegen ›Judentor‹, die Bezeichnung ›Wiener Tor‹ ist zuerst für das 1896 abgerissene nördliche Haupttor aus dem 18. Jh. bezeugt.

Glanzpunkt des Wiener-Tor-Platzes ist die in ihrer Zurückhaltung auf aparte Schatteneffekte setzende *Spätbarockarchitektur* an seiner Westseite.

Ein Schmiedemeister namens János Pál Lobner ließ sich um 1780 das **Lobner-Haus (Nr. 5)** mit Rokokogirlanden an der Fassade und breiter Toreinfahrt bauen. Den Eintretenden überrascht ein *Treppenhaus* im Zopfstil und die eigenwillig unbekümmerte Atmosphäre eines typischen Budaer *Innenhofs* mit Freigang am Obergeschoss.

Schutzpatron des **Hauses Nr. 6** ist der 1729 heilig gesprochene Johannes Nepomuk, der wegen seines Todes in der Moldau auch als ›Brückenheiliger‹ bekannt ist. Seine *Statue* steht seit dem letzten Viertel des 18. Jh. in einer Nische zwischen den Fenstern des 1. Obergeschosses. Vom Vorgängerbau aus dem 15. Jh. blieb das gotische *Gewölbe* im Torgang erhalten.

Der überaus prächtige zweigeschossige Wohnpalast **Haus Nr. 7** entstand 1807. An der Fassade zeigen die klassizistischen *Medaillons* Bildnisse der antiken Dichter Vergil, Cicero, Sokrates, Quintilian und Seneca. Sie sind wohl ebenso wie die allegorischen Motive auf den Reliefplastiken über den Obergeschossfenstern als humanistisches Bekenntnis des Piaristenpriesters József Grigely zu werten, dem das Haus zu seiner Entstehungszeit gehörte.

Wiener-Tor-Platz: ein Blickfang ist die neoklassizistische Evangelische Kirche

Einem verdienstvollen Erneuerer der ungarischen Sprache, dem Literaten Ferenc Kazinczy (1759–1831), ist der 1931 von János Pásztor geschaffene, antikisierende **Brunnen** auf dem Wiener-Tor-Platz gewidmet, der in seiner Formensprache sehr schön mit dem beschriebenen Haus korrespondiert.

Das klassizistische **Wohnhaus Nr. 8**, das der Budaer Baumeister Mihály Weixelgärtner 1824 fertig stellte, verdankt seinen besonderen Reiz seiner illusionistischen *Fassadenbemalung* am Mezzanin und am Eckerker. Bei einer umfassenden Restaurierung im Jahre 1959 entdeckte man spätgotische Bausubstanz im Erdgeschoss, in der Toreinfahrt und an den Fensterrahmen.

17 Fortunastraße
Fortuna utca

Einer der vier in Nord-Süd-Richtung parallel verlaufenden Straßenzüge in der ummauerten Bürgerstadt.

Um 1400 wohnten in dieser Straße französische Handwerker, die für König Sigismund am Bau der königlichen Burg und der Liebfrauenkirche arbeiteten. Das heutige Straßenbild wird weitgehend von einem klassizierenden Barock geprägt. Bestimmend für die **Ensemblewirkung** ist die warme Farbigkeit der meist mit der Traufseite zur Straße stehenden Häuser. Neben der optischen Fassadengliederung durch Mittelrisalite und Lisenen vermögen die Gebäude durch handwerklich geschickt ausgeführte Zutaten wie Stuckrosetten, Blattgirlanden und Wappen zu erfreuen.

Über drei mittelalterlichen Häusern – von einem blieben im Torgang mehrere gotische Sitznischen erhalten – wurde um 1700 ein dominantes Eckgebäude, **Haus Nr. 4**, errichtet, das 1784 von der Budaer Stadtverwaltung zur Nutzung als Hotel und Gasthof gekauft wurde und den Namen ›Fortuna‹ erhielt. Die Räume des Erdgeschosses sind seit 1966 als **Ungarisches Handels-** (rechts) und **Gastgewerbemuseum** (links, beide Mi–Fr 10–

Alt und Neu: Hinter den Häusern der Fortunastraße ragt der moderne Turm des ehem. Dominikanerklosters empor

17, Sa/So 10–18 Uhr) zugänglich. Zu den Attraktionen der Sammlung gehört die Originalausstattung einer Budaer Konditorei von 1870. Im Konditorgewerbe benötigte Geschirre und Geräte sind in Vitrinen ausgestellt und geben einen Einblick in traditionelle Methoden des Honigkuchenbackens wie der Parfait- und Schokoladenherstellung. Imposant ist die Auswahl an Gussformen für Osterhasen von bis zu einem halben Meter Höhe! Ein Meister seines Metiers war János Rorarius, dessen aus Zucker gegossene Nachbildung der Fischerbastei auf einer Ausstellung 1937 einen silbernen Ehrenkranz erhielt. Im *Handelsmuseum* werden genussvolle Verlockungen aus der Zeit der österreichisch-ungarischen Monarchie auf Werbeplakaten und am Beispiel eines Schokoladen-Karamel-Automaten der Firma Stollwerck von der Wende zum 20. Jh. vorgeführt.

18 Parlamentsstraße
Országház utca

Spuren des mittelalterlichen Buda.

Die Straße erhielt ihren Namen nach einem am nördlichen Ende gelegenen Spätbarockbau, dem **Haus Nr. 28:** Der einstige Trakt eines Klarissenklosters wurde nach der *Ordensauflösung* zwischen 1783 und 1807 baulich umgestaltet und fortan als Sitz des *ungarischen Landtags* genutzt. Im repräsentativen, vom Charakter des Empire geprägten Sitzungssaal dieses ehem. Parlamentsgebäudes veranstaltet die Akademie der Wissenschaften heute ihre großen internationalen Kolloquien.

Da in diesem nördlichen Teil der in den Dísz tér mündenden einstigen **Hauptstraße** des alten Buda im 15. und 16. Jh. vor allem Kaufleute, Baumeister und Künstler aus Florenz wohnten, nannte man die Straße auch ›Olasz utca‹ (Italienische Straße).

Schöne Beispiele der ›Italienischen Phase‹ sind die Häuser Nr. 18, 20 und 22. **Haus Nr. 18** bewahrt bis heute seine Fassadengestaltung aus dem 15. Jh. Es besitzt einen geschlossenen Erker und drei spätgotische Fenster, von denen zwei rekonstruiert sind. Zu den Geschäftsräumen im Erdgeschoss gelangte man durch ein kunstfertig gemeißeltes *Portal* und eine spätgotisch eingefasste Tür.

Auch die gotischen Mauern des Ende des 14. Jh. errichteten Nachbarhauses **Nr. 20** haben die Wirren der Budaer Burggeschichte relativ unbeschadet überstanden. Neben dem Torweg mit Tonnengewölbe und vier von Kleeblattarkaden eingefassten *Sitznischen* ist ein Gelass mit gotischem Kreuzgewölbe erhalten geblieben. Die barocke Fassadengestaltung ist eine Zufügung aus dem Jahre 1771. Innenhof und Weinkeller werden seit 1993 vom Restaurant ›Vörös Ördög‹ (Roter Teufel) genutzt.

Als architektonische Besonderheiten blieben vom **Haus Nr. 22** aus dem 15. Jh.

◁ *Eine Kutschfahrt ist die gemütlichste Art, das Burgviertel kennen zu lernen – am Dreifaltigkeitsplatz kann man in den Fiaker steigen*

die den Erker stützenden *Konsolen* und die gemauerte Rahmung des Eingangsportals erhalten. Das Gewölbe in der Kragsteinarchivolte schmückt ein *Sgraffito-Ornament* – der einzige Beleg für diese in der Renaissance an Budaer Häusern sehr beliebte Dekorationsform. Der mittelalterliche Ursprungsbau besaß sicher wesentlich mehr als nur zwei Kragsteine, denn das gesamte Obergeschoss ragte in Erkertiefe in die Straße hinein. Das Jahr, in dem die mit barocker Stuckornamentik geschmückte Fassade entstand, ist an der Erkerbrüstung verewigt: 1751 steht da zu lesen.

Als nationale Eigentümlichkeit und kostbares Kleinod mittelalterlicher Baukunst sind, nur ein paar Schritte weiter nördlich, im Torgang des **Hauses Nr. 9**, reich mit spätgotischem Blendmaßwerk ausgestattete *Doppelsitznischen* erhalten. Dass dieser ehemals zweistöckige Palast mit einem geräumigen Speisesaal im 1. Stock von König Sigismund zwischen 1389 und 1427 einem verbündeten Despoten, dem serbischen Fürsten István Lázárevics, geschenkt wurde, ist auf einer an der Fassade angebrachten *Gedenktafel* nachzulesen.

›Alabárdos‹ (Hellebardier) heißt die Gaststätte im zweigeschossigen, 1960 renovierten Gebäude (**Haus Nr. 2**) mit schöner frühklassizistischer Fassade. Der Kern des Baukörpers wird in die Anfangszeit der Burgbergbesiedlung (2. Hälfte des 13. Jh.) datiert. In der Regierungszeit König Sigismunds entstand hier ein **repräsentativer Palast** im Zeichen der internationalen Gotik. Doch wie in vielen anderen Fällen auch, blieben von diesen Hochleistungen der Baukunst in Buda am Anfang des 15. Jh. nach der Türkenherrschaft nur Fragmente erhalten: maßwerkverzierte *Spitzbogensitznischen* zu beiden Seiten des tonnengewölbten Torgangs, das Erdgeschoss des Hofflügels mit den großzügig angelegten, von achteckigen Pfeilern getragenen *Arkaden* sowie ornamentale *Wandmalerei* im 1. Obergeschoss des Gebäudes. Unter dem Hof liegen unterirdische *Gelasse* mit Tonnengewölben, Felsengängen und einem Höhlenkeller mit Brunnen. Der Umbau des ursprünglichen Kellersystems und die Wiederaufstockung des Hauses erfolgten in den Jahren nach 1700. Weitere 100 Jahre vergingen bis zum Anbau des *Säulengangs* am Obergeschoss der Hofseite und zur Neugestaltung der Straßenpassage.

19 Dreifaltigkeitsplatz
Szentháromság tér

Beliebte Sehenswürdigkeiten wie die Fischerbastei und die Matthiaskirche lassen diesen Platz zu jeder Jahreszeit zum turbulenten, folkloristischen Herzstück des Burgbergs werden.

Der Dreifaltigkeitsplatz wird im Osten von der *Matthiaskirche* und im Norden vom wuchtigen neogotischen Gebäude des ehem. Finanzministeriums, in dem heute das *Neue Ungarische Zentralarchiv* untergebracht ist, begrenzt. Im Westen schließt das **moderne Eckhaus** der Architekten György Jánossy und László Laczkovich aus dem Jahre 1981 die Platzfassade ab. Der Zuschnitt des Daches, die

Himmlische Figurengruppe: Die Dreifaltigkeitssäule auf dem gleichnamigen Platz wurde von Überlebenden der Pest von 1709 gestiftet

kleinteilige Fensterfront, die Betonung der Vertikalen und die Absätze in der Fassadengliederung sollen an die mittelalterliche Parzelleneinteilung und an die einstigen Bauwerke erinnern. Daneben nimmt an der Westseite des Platzes die Szentháromság utca ihren Anfang, flankiert vom *Alten Rathaus zu Buda*. Im Süden verliert sich die Einfassung des Platzes in einer kleinen Parkanlage.

Das Zentrum des Platzes wird seit nahezu drei Jahrhunderten durch eine **Dreifaltigkeitssäule** markiert, die 14 m in die Höhe ragt. Die Pestsäule, zwischen 1710 und 1713 von den Überlebenden der Seuche von 1709 gestiftet, wurde von dem Würzburger Bildhauer Philipp Ungleich entworfen. Wappen, Heiligenfiguren, Engelsköpfe und zuoberst auf dem Kranzgesims die Dreifaltigkeitsgruppe – Christus mit dem Kreuz, Gottvater und die Taube als Symbol des Heiligen Geistes im Strahlenkranz – schmücken einen sechseckigen, auf einen Stufensockel gestellten Obelisken.

Die ungarischen *Wappen* und *Reliefs* am Pfeilersockel der 1967 restaurierten Dreifaltigkeitssäule sind eine bildhauerische Leistung von Antal Hörger (1713). Sie zeigen König Davids Flehen um die Vergebung seiner Sünden und das Ende der Pest, das Grauen der verheerenden Seuche und die Errichtung der Dreifaltigkeitssäule selbst.

20 Altes Rathaus zu Buda
Régi budai városháza

Barockbau mit dekorativem Erker.

Szentháromság utca

Das Alte Rathaus ist mit der jüngeren Geschichte Budas, als sich die Stadt nach der Vertreibung der Türken allmählich zur Beamtenstadt österreichischer Prägung entwickelte, eng verbunden. Von der ersten **Ratssitzung** 1710 an bis zur Vereinigung der drei Städte Buda, Óbuda und Pest im Jahre 1873 diente das Gebäude als Rathaus. Heute ist hier das *Institut für Sprachwissenschaften* der Ungarischen Akademie der Wissenschaften untergebracht.

Der zweigeschossige **Barockbau** grenzt an drei Straßen und umschließt zwei Innenhöfe. *Venerio Ceresola*, kaiserlicher Hofarchitekt, nutzte bei der Umsetzung seiner Baupläne zwischen 1702 und 1710 die allerdings nur spärlich erhaltene gotische Bausubstanz von fünf **Vorgängerbauten** einschließlich des mittelalterlichen Rathauses. Die Bauplastik des 1723 ausgebrannten und ein Jahr später wieder hergestellten *Erkers* an der Ecke zum Dreifaltigkeitsplatz trägt die Handschrift des Bildhauers Franz Josef Barbier.

Zwischen 1770 und 1774 erweiterte der damalige oberste Budaer Stadtbaumeister, Matthäus Nepauer, das ehrwürdige Amtsgebäude. Der zuvor lediglich eingeschossige Westflügel des Rathauses zur Úri utca wurde aufgestockt und dem Ostflügel angeglichen. Das **Treppenhaus** erhielt eine doppelläufige Treppe mit Balustrade.

In der Lünettennische an der Ecke zum Dreifaltigkeitsplatz fand 1928 Carlo Adamis Statue der *Pallas Athene* einen neuen Platz. Die langgewandete Sitzfigur trägt Sandalen, einen Helm und ein Schild mit dem Budaer Stadtwappen, welches die griechische Göttin der Wissenschaften und Künste zugleich als Schutzpatronin der Stadt ausweist.

Im Jahr 1785 hatte der aus dem italienischen Ort Como stammende Bildhauer Carlo Adamis seine Athena-Skulptur, ein Auftragswerk des Stadtrats von Buda, für einen rötlichen **Marmorbrunnen** an der Südwestseite des Dreifaltigkeitsplatzes beendet. Bereits König Matthias Corvinus hatte für diesen Brunnen sauberes Wasser von den Quellen der Budaer Berge in die Stadt leiten lassen. Ende des 19. Jh. riss man den Brunnen ab, und die Skulptur der Pallas Athene gelangte vorübergehend in Privatbesitz. Nach ihrer neuerlichen öffentlichen Aufstellung am alten Rathaus setzten ihr Krieg und Umweltschäden so zu, dass sie im Jahr 1965 durch eine Kopie ersetzt werden musste.

Süße Kreationen

Budapest, Stadt der **Konditoreien** und **Kaffeehäuser** – ein Aufenthalt in der Donaumetropole wird nicht ausreichen, um sich durch das Angebot an feinen und auch üppigen Backwaren zu schlemmen, wie lange man auch bleiben mag. All die süßen, unwiderstehlichen Kreationen wurden in der Hoch-Zeit der Budapester Konditoreikunst im 19. Jh. komponiert, als man Kalorienbomben noch genussvoll schwelgend und ohne Reue verzehrte. Hauchdünne **Gundel-Palatschinken** mit einer cremigen Nuss-Rosinenfüllung werden in Rum getränkt mit Schokoladensoße übergossen und flambiert. **Somlóer Nockerln**, ein mit dickflüssiger Marmelade gefüllter Nussbiskuit, servierte man mit einer Sahnehaube. Ein weiteres Gebäck, **Rigó Jancsi**, wurde nach einem berühmten ›Zigeuner‹-Primás benannt, der um die Wende

vom 19. ins 20. Jh. die Frau des belgischen Fürsten Chimay, Tochter eines amerikanischen Millionärs, entführte und schließlich heiratete. So wie einst durch diese Aufsehen erregende Geschichte ist Rigó Jancsi dank seiner süßen Kreation aus Eiern, Schlagsahne, Schokolade und Aprikosenkonfitüre noch heute gewissermaßen ›in aller Munde‹.

Schlemmerorgie auf Budapester Art – üppige Auslagen in der Konditorei Ruszwurm

21 Konditorei Ruszwurm
Ruszwurm cukrászda

TOP TIPP *Konditorei und Biedermeiercafé mit langer Tradition.*

Szentháromság utca 7

Rechtwinklig zu den langen, parallelen Nord-Süd-Straßen des Burgviertels verlaufend und auf den Haupteingang der Matthiaskirche ausgerichtet, stellt die Szentháromság-Straße eine Verbindung zwischen der östlichen und der westlichen Festungsmauer des Burgplateaus dar. Während des Zweiten Weltkriegs wurden viele Häuser dieser Straße schwer beschädigt. Dem Rathaus gegenüber bewahren zwei Häuser mit schlichten Barockfassaden – die Gebäude Nr. 5 und Nr. 7 – ihren mittelalterlichen Baukörper sowie Fundamente, Keller, gotische Türrahmen und tonnengewölbte Torgänge mit *Sitznischen* vom Anfang des 14. Jh. Bereits im Mittelalter befand sich im Haus Nr. 7 eine Lebkuchenbäckerei. Die bis heute betriebene kleine **Konditorei** ist ein Kind der Budaer Biedermeierzeit und besteht seit 1827. 1890 wurde sie von Vilmos Ruszwurm übernommen, welcher nicht nur das Rezept viel gepriesener Cremeschnitten, sondern auch eine gemütliche Kaffeehauseinrichtung mit Fayenceofen und vom Budaer Tischlermeister Krautsiedler angefertigte Empiremöbel hinterlassen hat. Rechts in der Vitrine neben dem Kuchenbuffet des Verkaufsraums erhält der Gast einen interessanten Einblick in Zeitgeschmack und Verpackungsgeschichte von Konditoreiwaren anhand liebevoll gesammelter Geschenkdosen und Tortenschachteln.

22 Reiterstandbild des András Hadik
Hadik András lovas-szobra

Husarenherrlichkeit hoch zu Ross.

Úri utca/Szentháromság utca

Vor dem Westflügel des alten Rathauses, an der Kreuzung zur Szentháromság utca, verbreitert sich die Úri utca und bietet seit 1937 einem **Denkmal** Platz, das die Straße gleichsam in einen nördlichen und einen südlichen Abschnitt unterteilt. Das Reiterstandbild ist ein Alterswerk des ungarischen Bildhauers *György Vastagh d. J.* (1868–1946) und erinnert an das Dritte K. u. K. Husarenregiment von Arad. Frühere Angehörige des 1702–1918 bestehenden Regiments stifteten es ihren gefallenen Kameraden, deren Namen ein in den Marmorsockel eingelassenes Glasgefäß bewahrt. Die künstlerische Konzeption ist von der italienischen Grabmalplastik beeinflusst, besonders den Reiterdenkmälern des Quattrocento. In dem hoch zu Ross sitzenden Reiter ist posthum jener legendäre Budaer Stadtkommandant András Hadik (1710–1790) porträtiert, den die ungarische Königin Maria Theresia vom Husaren in den Rang eines Feldmarschalls erhob. Zum Namenstag seiner Königin am 15. Oktober 1757 jagte dieser der Regierung Friedrichs II. einen Schrecken ein, indem er mit seinen Husaren die Hauptstadt Berlin für 24 Stunden besetzte. Als Beweise sandte er anschließend sechs preußische Fahnen und ein Dutzend Paar mit dem Berliner Stadtwappen bestickte Damenhandschuh an Maria Theresia nach Wien.

23 Herrenstraße
Úri utca

Die längste und feudalste Straße des Burgviertels durchzieht die gesamte Bürgerstadt in Nord-Süd-Richtung.

Reste der Pflasterung, erschlossene Kellergewölbe und viele gut erhaltene Mauerteile sowie **Torgänge** weisen in das 13. Jh. als Entstehungszeit dieser schmalen Straße. Ende des 14. und Anfang des 15. Jh., als *König Sigismund* Buda durch seine ständige Anwesenheit de facto in den Rang der Hauptstadt des Deutsch-Römischen Reiches erhob, ließen hier Vertreter des ungarischen Hochadels und der Kirche, aber auch vermögende Kaufleute **Stadtpaläste** erbauen. Viele Kaufmannshäuser mit Ladenfenstern im Erdgeschoss gehörten deutschen Tuchhändlern, die als Hoflieferanten vor allem Veroneser und Nürnberger Tuche vertrieben. Bemerkenswerte Gebäude:

Durch eine **Brücke** ist das **Haus Nr. 19** mit dem südlichen Nachbarhaus Nr. 17 verbunden. Es ist in dieser Art die einzige erhaltene, für das Stadtbild des mittelalterlichen Buda durchaus charakteristische Brücke. Der schmale Durchgang trägt den Namen ›Balta köz‹ (Beilpassage), zwei mittelalterliche Fensteröffnungen und Schießscharten durchbrechen die Rohsteinmauer. Am Passageneingang sind – zu **Haus Nr. 17** gehörend – die feingefasste *Konsole* eines Erkers und die aufgemalte *Mauerquadrierung* vom Ende des 14. Jh. zu sehen. Der Zugang zum Haus erfolgt von hier aus über einen Gartenhof. Efeuumrankt steht an der Grundstücksmauer ein aus Marmorfragmenten der Gotik und der Renaissance zusammengebauter *Zierbrunnen*, an dem einige Details – wie die feingemeißelten, sich um den Mittelfuß lagernden Löwen oder die Wasser speienden Putti – unverkennbar an die hohe Qualität und florentini-

Reiterstandbild des András Hadik, Feldmarschall in der Armee Maria Theresias

Geschlossene Häuserzeile: Die Bebauung der Herrenstraße geht zurück auf die Anfänge des Burgviertels im 13. Jh.

sche Formensprache der **Steinmetzwerkstatt** unter Chimenti Camicia (1479–91) in Buda erinnern.

Unterhalb von **Haus Nr. 9** erstreckt sich ein netzartiges System von Felsengängen, unterirdischen Brunnen, natürlichen Karsthöhlen und vor rund 700 Jahren angelegten Kellern in unterschiedlichen Tiefenzonen über etwa 10 km. Etwa ein Achtel des **Budavárer Labyrinths** (Tel. 1/212 02 07, www.labirintus.com, Jan.–15. Juni tgl. 9.30–19.30, 16. Juni–Aug. tgl. 9.30–21.30, 15. Sept.–Dez. 9.30– 19.30 Uhr) kann besichtigt werden. Während der Führungen hört man von dem lebensrettenden Schutz, den die Höhlen der Bevölkerung in Zeiten der **Belagerung**, der Kriege und Katastrophen boten, sowie von deren militärstrategischer Nutzung unter der osmanischen Herrschaft und während der Nahkämpfe Ende des Zweiten Weltkriegs. Es wird gern manche Gruselstory erzählt, wie jene von den weiblichen Knochenfunden in einem Höhlenbrunnen, die zeigen, wie sich Sultan Suleiman der Damen entledigte, derer er überdrüssig geworden war. Damit die Besichtigung zwischen den tropfnassen Felswänden (Luftfeuchtigkeit 90 %, Temperaturen um 15 °C) nicht als feucht-kühles, sondern eher als feucht-fröhliches Erlebnis in Erinnerung bleibt, bietet gleich am Eingang ein *Weinkeller* die Möglichkeit innerer Erwärmung. Die im Labyrinth gebotene ›Erlebnis-Freizeitkultur‹ umfasst inzwischen außerdem ein Teehaus, ein Höhlenkino sowie abendliche *Erkundungsgänge* (nach Vereinbarung) beim Schein der Öllampe.

Unterirdisches Museum – Höhlenlabyrinth mit Tropfsteingebilden, Brunnen und Höhlenzeichnungen

Daneben gibt es das städtische Museum der **Burghöhle** (Eingang Dárda köz, Passage zwischen Országház utca und Úri utca, April–Okt. tgl. 10–18, Nov.–März tgl. 10–16 Uhr). Bei einer Führung können etwa 1050 m des Höhlensystems besichtigt werden. Auf der unterirdischen Wanderung bis unter die Matthiaskirche sind urzeitliche Spuren und faszinierende Tropfsteingebilde zu sehen.

Das **Haus Nr. 31** wurde nach *Johannes Hölbling*, seinem ersten Besitzer nach der Türkenherrschaft, benannt. Die bauliche Kernsubstanz des Hauses, die Kellergewölbe und deren Zugang, sind auf Anfang des 14. Jh. datiert. Um 1440 wurde

das eingeschossige Gebäude um zwei weitere Wohnetagen aufgestockt und mit einer **Fassade** verkleidet.

In der Toreinfahrt haben sich auch an diesem Gebäude *Sitznischen* erhalten. Aus der historischen Beschreibung eines ähnlichen hochadeligen Hauses gleicher Entstehungszeit weiß man in Bezug auf die Raumverteilung, dass im Erdgeschoss zur Straße meist ein Speisesaal lag, im 1. Obergeschoss das Wohnzimmer sowie Schlafräume mit Kaminen und im 2. Obergeschoss ein mit Wandmalerei geschmückter Raum sowie eine Kapelle. Das Hölblinghaus wurde nach 1945 teilweise rekonstruiert, wobei man die 1862 entstandene, stark beschädigte Fassade entfernte.

Am Torgang **Úri utca 40** sollte man auf keinen Fall einfach vorbei gehen, denn dieser gilt als einer der weiträumigsten und prachtvollsten im Burgviertel. Hinter der klassizistischen *Fassade* (um 1830) blieb originale Bausubstanz zweier gotischer Paläste mit einer lang gestreckten *Gartenanlage* aus dem 15. Jh. bewahrt. Von der reichen Ausstattung erhält man in der Toreinfahrt noch eine Vorstellung: Einem feinen steinernen Gespinst gleich sind die Rippen des *Kreuzgewölbes* mit dem bravourös gemeißelten, komplizierten Maßwerk der vielgliedrigen *Sitznischen* verbunden, wobei Lanzett-, Kleeblatt- und Kielbogenformen ineinander verschmelzen. Eines der mittleren Bogenfelder wurde als inneres Eingangsportal konstruiert.

Druckgrafik aus der Zeit vor der türkischen Eroberung überliefert eine architektonische Besonderheit im Erschei-

Reich dekorierte Kaufmannspaläste schmücken die Herrenstraße: Abschluss eines Torbogens

nungsbild der Stadt Buda: mehrere über die Hausdächer deutlich herausragende, jedoch nicht mit Kirchtürmen zu verwechselnde **Wohntürme** nördlich der Marienkirche. Ein einziger dieser Familientürme hat sich auf dem unterkellerten Hofgelände der **Úri utca 37** erhalten. Der zweistöckige, 16 m hohe Turm ist im alten Mauerkomplex noch recht gut auszumachen. Er entstand vermutlich im 14. Jh., aber einige Forscher setzen die Bauzeit bereits für das 13. Jh. an. Die Wohntürme dienten sowohl der Verteidigung als auch der Repräsentation. So wird angenommen, dass sich Machtkämpfe zwischen den führenden ungarischen und den zahlenmäßig überlegenen ausländischen Familien in Buda im Bau derartiger Befestigungstürme nach italienischem Vorbild manifestierten, in die man sich in Gefahrenzeiten zurückziehen konnte. Das Konkurrenzverhalten der einzelnen Bauherren mag beim Wettstreit um den modernsten, komfortabelsten, sichersten oder auch höchsten Turm der Stadt eine nicht unwesentliche Rolle gespielt haben.

Relikt einer vergangenen Zeit – mittelalterliche Sitznische im Tordurchgang des Hölblinghauses

24 Maria-Magdalenen-Kirche
Magdolna templom

Beeindruckende Überreste der ersten Pfarrkirche für die ungarische Gemeinde von Buda.

Úri utca 55

Zweimal in ihrer 700-jährigen Baugeschichte wurde die Kirche auf das empfindlichste beschädigt: bei der Rückeroberung Budas 1686 und bei den Kämpfen gegen Ende des Zweiten Weltkriegs 1944/45. Nach der letzten **Zerstörung** entschied man sich für die Abtragung des barockisierten Langhauses und die Erhaltung des fünfgeschossigen **Westturms**, der 1984–86, im Zuge der Sicherung der Kirchenreste als Ruinengarten, rekonstruiert wurde.

Die in der Mitte des 13. Jh. erbaute einschiffige Basilika wird 1276 zum ersten Mal urkundlich erwähnt. Um 1400 ließen die ungarischen Einwohner Budas ihre Kirche zur dreischiffigen gotischen Hallenkirche mit abschließendem Chor umbauen. Fast ein Jahrhundert darauf wurde an der Westseite der mächtige, quadratische, von Außenwandpfeilern (Diensten) gestützte und in den beiden Obergeschossen als Achteck ausgebildete Turm vollendet, dem sich an der Nord- und Südseite jeweils eine *Sakristeikapelle* anschloss. Das die Wandfläche auflösende Stabwerk der spitzbogigen *Turmfenster*, das behutsam und mit bildhauerischem Gespür bearbeitete *Westportal* und die zu den beiden Seitenkapellen führenden Portale zeugen ebenso wie die feingemeißelten Rippen des *Sternengewölbes* im Erdgeschoss des Turms von einem aufwendigen Architektur-Auftrag. Zu Beginn der Türkenherrschaft wurde die Maria-Magdalenen-Kirche als einziges christliches Gotteshaus nicht in eine Moschee umgewandelt. Man gestattete den Protestanten, ihre Gottesdienste im Schiff, den Katholiken ihre im Chor der Kirche abzuhalten – bis 1596. Ab 1602 jedoch gaben die neuen muslimischen Benutzer ihr den Namen Fethije-Moschee (Siegesmoschee).

Des zerstörten Bauwerks nahmen sich vom Ende des 17. Jh. bis zu ihrer Ordensauflösung 1782 die Franziskaner an. Nur kurz war das ungarische Landesarchiv in dem inzwischen **barockisierten Gebäude** untergebracht, denn bereits 1790, nach dem Tod Josephs II., erfolgte eine neue Weihe und Bestimmung der Kirche

Mahnmal des Zweiten Weltkriegs – Turm der Maria-Magdalenen-Kirche

als **Krönungsstätte**. In der Vorbereitung auf die Krönung von *Franz I.* zum König von Ungarn (1792) entwarf József Tallherr eine an den Westturm gebaute Empfangshalle im klassizierenden Spätbarock, wo man direkt mit der Karosse vorfahren konnte. Nachdem im Jahre 1817 Erzherzog Ferdinand von Österreich-Este, damals Generalkommandant in Ungarn, die Übergabe als ›Garnisonskirche‹ veranlasst hatte, trug die Kirche diesen letzten Namen bis zu ihrem Abriss. So betrachtet, mischen sich in die Geschichte der Maria-Magdalenen-Kirche manch dissonante Töne. Seit 1997 kann man den **Turm** der Kirche besteigen. Wer die Aussicht genießen will, sollte schwindelfrei sein, denn die 171 Stufen sind auf einer z. T. frei im Raum stehenden Wendeltreppe zu bewältigen.

25 Kriegshistorisches Museum
Hadtörténeti Múzeum

Kriegerisches aus vier Jahrhunderten.

Kapisztrán tér 2–4, Eingang
Tóth-Árpád-Promenade 40
April–Sept. Di–So 10–18, Febr., März, Okt.–Mitte Dez. Di–So 10–16 Uhr

Von seinen mittelalterlichen Proportionen, die dem Platz an der Maria-Magda-

Den Freiheitskämpfen auf der Spur: Das Kriegshistorische Museum beleuchtet die ungarische Kriegsgeschichte des 17.–20. Jh.

lenen-Kirche einst eine anheimelnde, geschlossene Atmosphäre verliehen und ihm zugleich durch die Mündung der wichtigsten Burgstraßen die Bedeutung eines zentralen Lebensnervs als *Markt-* und *Kirchplatz* der ungarischen Bevölkerung zukommen ließen, ist hier schon lange nichts mehr zu spüren. Die Gebäude des **Stadthauses vom I. Bezirk**, 1834 erbaut, 1876 erweitert und 1998 saniert, sowie die ehem. **Ferdinand-Kaserne**, seit 1938 als kriegsgeschichtliches Archiv und Museum genutzt, schließen nach Nordwesten das Burgviertel ab.

Zu den Versuchen, die Dimensionen des Platzes zu verbessern, gehörte im Jahr 1922 die Aufstellung des **János-Kapisztrán-Denkmals**, eines Werks von József Damkó (Sockel: Ernő Foerck). Der 1724 heilig gesprochene Franziskanermönch aus Italien – Giovanni Capistrano – handelte in päpstlichem Auftrag, als er Söldner für ein Kreuzheer gegen die Türken anwarb und auch persönlich 1456 in der Burg von Nándorfehérvár an der Seite János Hunyadis kämpfte. Der errungene Sieg ließ bekanntlich die osmanischen Eroberungspläne vorerst scheitern. Das Werk *József Damkós* steht in der bildhauerischen Tradition französischer Revolutionsdenkmale des 19. Jh. In naturalistischer Durchbildung und pyramidaler Komposition führt er den fahnetragenden, rosenkranzgegürteten Helden voll mitreißender Gestik vor Augen.

Sammlungsschwerpunkte des Museums: Objekte und historische Zeitdokumente zur ungarischen **Kriegsgeschichte** seit 1600, wobei die Zeit der Freiheitskämpfe von 1848/49, die Österreichisch-Ungarische Monarchie und der Erste Weltkrieg Akzente setzen. Wer sich für *Waffen* verschiedenster Gattungen vom türkischen Säbel über die spanische Schnapphahnpistole bis hin zum sardinischen Kanonenrohr interessiert, wird bei der Besichtigung sicher auf seine Kosten kommen. Die mit hoher Kunstfertigkeit ausgeführten *Kanonen- und Kampfwagen* sind auch vor dem Museum auf dem Esztergomer Rondell (als einem authentischen Kriegsschauplatz der Bestürmungen Budas in den Jahren 1686, 1849 und 1945) aufgestellt sowie im Museumshof, wo 1987/88 bei Grabungen eine Bastei aus dem 13. Jh. und Teile der Burgmauer ans Tageslicht kamen.

Die Vitrinen der *Numismatischen Sammlung* füllen Gedenkmedaillen, Plaketten, Abzeichen und hohen militärischen Orden (seit der Herrschaft Maria Theresias). Stolz der *Fahnensammlung* sind die Honvéd-Fahnen der Revolution von 1848/49 und die im Ersten Weltkrieg mitgeführten Truppenfahnen. Die *Uniformensammlung* zeigt als frühestes einheitliches Heeresgewand ein Kleidungsstück aus dem frühen 17. Jh. Unter den Ausstellungsstücken sind auch Uniformen der Ungarisch-Königlichen Landwehr (1868–1918) zu sehen.

26 Anjou-Bastei
Anjou bástya

Zeugnisse des nationalen Freiheitsdrangs der Ungarn wie auch ihres Respekts für den würdigen Gegner.

Nicht nur die Ausstellungsstücke des Kriegshistorischen Museums künden vom zähen Kampf der Ungarn um Selbstbestimmung und **Unabhängigkeit.** Besonders im Burgviertel stößt der Besucher immer wieder auf Hinweistafeln, die dem unbändigen nationalen Freiheitsdrang und der Genugtuung über errungene Siege im Kampf gegen die Fremdherrschaft Ausdruck geben. »Hier wehte erstmals nach 1½ Jahrhunderten am 27. Juli 1686 die ungarische Fahne« – ist in einen der Burgmauer aufliegenden Stein gemeißelt. An der Stelle, an der die Anjou-Bastei sich dem Wiener Tor nähert, markiert ein Metallzaun die Einstiegsstelle der Heiducken bei der **Rückeroberung** Budas. Etwa in der Mitte dieser alten, baumbestandenen Promenade, wo sich die Burgmauer rondellartig ausweitet, wurde auch dem Feind ein *Ehrenmal* gesetzt: »Der letzte Budaer Statthalter der 143 Jahre währenden türkischen Herrschaft, Wesir Abdurrahman Abdi Arnaut Pascha fiel in der Nähe dieses Ortes am Nachmittag des 2. Tages des Sommerendmonats 1686 in seinem 70. Lebensjahr. Er war ein heldenhafter Gegner, Friede sei mit ihm« – erzählen auf dem turbanbekrönten *Grabstein* eine ungarische und eine türkische Inschrift. Der bereits hoch betagte türkische *Burgkommandant* genießt die Verehrung der siegreichen Ungarn vor allem deshalb, weil er nicht feige die ihm eingeräumte Möglichkeit zur Flucht nutzte, sondern die Stellung hielt, bis zum Tod. Das bescheidene **Denkmal** wurde von dem Maler Kálmán Zsille entworfen. Auf der Anjou-Bastei, dem **Festungsabschnitt** zwischen dem Wiener Tor und dem Esztergomer Rondell, erlitten die Türken nach 75 schweren Belagerungstagen durch die Truppen der ›Heiligen Liga‹ die vernichtendste Niederlage ihrer Geschichte. In diesem von Norden her die Budaer Burg bestürmenden Heeresverband, welcher dem Feldherrn Karl von Lothringen unterstand, kämpften 15 000 Ungarn um die Befreiung ihrer Heimat.

Bescheidenes Grabmal – letzte Ruhestätte des letzten türkischen Statthalters von Buda

27 Árpád-Tóth-Promenade
Tóth Árpád Sétány

Herrlicher Ausblick von den früheren türkischen Bastionen.

Eine der türkischen Hinterlassenschaften in Budapest ist das bis heute gut erhaltene **Befestigungssystem der Burg**. Auch wenn der breite Spazierweg entlang der westlichen Basteimauer – der Árpád-Tóth-Promenade – heute im Wesentlichen eine denkmalpflegerische Leistung des ausgehenden 19. Jh. und jüngerer Sanierungen ist, so erinnert noch manches an den im 17. Jh. geprägten Festungscharakter. Aus der ›Langen Mauer‹ ragen vier **Bastionen** von halb- bzw. dreiviertelkreisförmigem Grundriss hervor: das Esztergomer-, das Veli-Bej-, das sog. Saure-Suppe- und das Fehérvárer-Rondell. Diese von Tortürmen flankierten Bollwerke waren die militärtechnische Antwort auf neue, veränderte Geschützsysteme in Europa.

Heute breitet sich hier beschauliche Stille aus, und die Vorbauten dienen als Aussichtsplätze mit grandiosem Rundblick. Vom **Esztergomer-Rondell** aus erkennt man in der Ferne den Aussichtsturm auf dem 529 m hohen Jánoshegy (Johannesberg), nach Süden zu folgen der Szabadsághegy (Freiheitsberg), der Sashegy (Adlerberg), der Naphegy (Sonnenberg) mit den Sendeanlagen des ungarischen Nachrichtendienstes MTI und schließlich der Gellértberg mit der Zitadelle. Rechts vom Johannesberg beginnt die Kette der Budaer Berge

Auf dem **Fehérvárer Rondell** erinnert eine neu aufgestellte **Reiterstatue** an Artur Görgey, einen der umstrittensten Feldherrn der ungarischen Geschichte. 150 Jahre lang galt Görgey – Rivale des ›Helden‹ Kossurth – als Verräter, nachdem er 1849 mit der dezimierten Armee vor den russischen Truppen, die Kaiser Franz Joseph I. bei Zar Nikolaus I. zur Niederschlagung des Freiheitskampfes in seinem Reich um Hilfe gerufen hatte, die Waffen gestreckt hatte.

Buda außerhalb der Burg – von römischen Thermen, türkischen Hamams und Jugendstilbädern

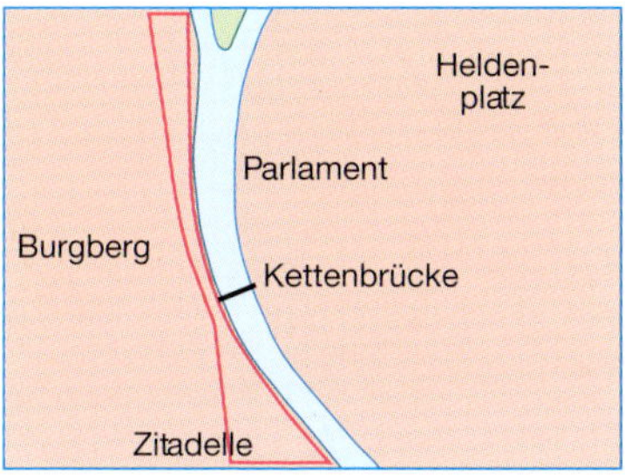

Budapest ist eine **Bäderstadt**. Einige der Quellen, die im Stadtteil Buda unterhalb des Burg- und des Gellértbergs aus der Erde sprudeln, wurden bereits von den Römern genutzt. In der Hochrenaissance ließ König Matthias sogar einen Tunnel zwischen dem Burgpalast und dem **Raitzen-Bad** (Rácz fürdő) bauen, durch den er jederzeit ins Bad gelangen konnte. Unter den Türken kam es Mitte des 16. Jh. zu einem wahren Bäder-Bauboom. Einige dieser Anlagen, darunter das **Kaiserbad** und das **Königsbad**, schätzen die Budapester noch heute. Zu Beginn des 20. Jh. entstand das berühmte **Gellértbad**, ein reich geschmückter, verspielter Bau des Jugendstils.

28 Kaiserbad
Császár fürdő

Türkisches Bad mit römischer Vorgeschichte mitten in Budapest.

Frankel Leó utca
Bus 60, 86

Die warmen Quellen des Kaiserbades, die bereits von den Römern genutzt wurden, markierten im 13. Jh. die nördliche **Stadtgrenze**. Später errichteten die Türken schöne Badehäuser. Das **Kaiserbad** wurde im 16. Jh. von *Sultan Suleiman II.* ausgebaut und war im 17./18. Jh. das beliebteste Bad Budas. Die außerordentlich reiche Architektur mit bequemen Bade- und Massageräumen und vor allem die *Heilquelle* haben Reisende stets zu Lobeshymnen veranlasst. Nach umfangreicher *Restaurierung* wurde das Kaiserbad 1997 wieder eröffnet und mit einer modernen Sportschwimmhalle vereint.

Nach Süden schließt sich der im Sommer auch für Konzerte genutzte **Hild-Hof (Hild udvár)** an, der eine Verbindung zum benachbarten **Lukácsbad** herstellt. Zu dessen weiträumiger, neobarocker Anlage gehören eine Trinkhalle, ein Freibad und ein historisches Dampfbad mit Heilwasserbecken. Besonderen Spaß bereitet das Baden im 2001 erneuerten Innenhof-Pool.

◁ *Stilvolles Schwimmvergnügen im Gellértbad*

29 Gül-Baba-Türbe
Gül Baba türbéje

Hier gedenkt man des türkischen Verwalters von Ungarn und genießt den Ausblick auf die Donau.

Mecset utca 14
Jan.–April tgl. 10–18, Mai–Sept.
Di–So 10–18, Okt. Di–So 10–17,
Nov./Dez. tgl. 10–16 Uhr
Straßenbahn 4, 6 bis Margit híd
Budai hídfő, dann zu Fuß

Vom Budaer Brückenkopf der Margaretenbrücke führt die malerische Gül Ba-

Türkische Hinterlassenschaft: Am Rosenhügel fand Gül Baba seine letzte Ruhestätte

ba utca zum **Grabmal** des türkischen Verwalters von Ungarn, Gül Baba. Das Grabmal (Türbe) wurde zusammen mit einem Kloster zwischen 1543 und 1548 erbaut. *Gül Baba* gehörte zu den wenigen Türken, die in der Zeit der türkischen Herrschaft von den Ungarn geschätzt wurden. Ihm verdankt man der Legende nach die Einführung der *Rosenzucht*, was ihm den Namen ›Vater der Blumen‹ einbrachte. Bis zum Zweiten Weltkrieg war die Türbe islamischer Wallfahrtsort. Heute ist das Grabmal auf dem Rosenhügel ein Zeugnis *islamischer Kultur* mitten in Europa.

30 Batthyány-Platz
Batthyány tér

Jahrhunderte ungarischer Geschichte auf engem Raum: Türkenbad und Barockkirche, Markthalle und Metrostation.

M 2 bis Batthyány tér

Ein Besuch des Batthyány-Platzes lohnt nicht nur wegen seiner reizvollen Bauwerke, der Annenkirche oder des Königsbades. Hier ist noch anderes zu entdecken: Die **Markthalle** wurde nach Renovierung im Juli 2003 wieder eröffnet. Hinter den neu eingebauten Glastüren und -fenstern sind nun eine Bank und ein Italienisches Restaurant ansässig. Im Erdgeschoss gibt es Lebensmittel zu kaufen, in der ersten Etage findet man Elektro-, Sport- und Wäscheläden sowie eine Buchhandlung mit Internet-Café. Von einer Bar aus hat man einen besonders schönen Blick auf das Parlament jenseits des Flusses. Aber auch das **Donauufer** selbst bietet sich als Aussichtspunkt an.

Bereits im Mittelalter entstand unterhalb der königlichen Burg ein Stadtviertel, das im 18. Jh. überbaut und erweitert wurde. Die sog. **Wasserstadt** (Víziváros) umfasst das Gebiet von der Fő utca (Király-Bad) bis zur Kettenbrücke, halbkreisförmig abgeschlossen von der heutigen Margit Körút. Der Stadtteil erhielt seinen Namen durch die ständigen *Überschwemmungen*, die das Gebiet am Donauufer heimsuchten. Die Wasserstadt folgte in der sozialen Hierarchie gleich auf die Königliche Burg. Während ›oben‹ vornehmlich der Adel und die Beamten wohnten, ließen sich ›unten‹ bereits zur Türkenzeit *Händler* und *Handwerker* nieder. Der Wasserweg begünstigte den Handel und sicherte Zolleinnahmen. Die Bodenbeschaffenheit der umliegenden Hügel eignete sich vorzüglich für den Weinanbau, und der hier gekelterte Rebensaft erfreute sich großer Beliebtheit.

Die Türken nutzten im 16. Jh. etliche bereits bestehende Gebäude oder deren Fundamente aus dem Mittelalter und der Renaissance für ihre Bauprojekte. Zu den in dieser Zeit umgestalteten Gebäuden gehört die **Stiftskirche der Elisabethinerinnen** (Fő utca 30–32), die vor der türkischen Belagerung Teil eines Kapuzinerklosters war und im ausgehenden 16. und frühen 17. Jh. in eine *Freitagsmoschee* (Dschami) umgewandelt wurde. Nach

Eine der größten Markthallen Budapests steht am Batthyány tér. Seit ihrer Restaurierung im Jahr 2003 (hier noch im alten Zustand) dient sie als Einkaufspassage

Türkische Badekultur in Budapest – das Königsbad

Király fürdő – ein Besuch im türkischen Dampfbad

»In den türkischen Bädern in Buda wird man ausgezeichnet, zwar ein wenig seltsam, behandelt. Die Bader legen den Gast auf die Bank, stellen ihm den Fuß in den Rücken und massieren ihn mit der Bewegung des Fußes. Was eine vorzügliche Wirkung hat, besonders bei erschöpften Reisenden. Dann pressen sie einem die Arme nach hinten, lassen einen gründlich turnen. Schließlich packen sie den Kopf des Gastes und rucken ihn hin und her, sodass einem der Hals beinahe knirscht – all das schadet aber nicht, sondern tut einem sehr gut.«

Soweit die Erlebnisse des **Wolf Andreas Steinach**, die er 1583 in seinen ›Reisebeschreibungen‹ festhielt. Doch wie verläuft nun der Besuch eines traditionsreichen türkischen Bades für den »erschöpften Reisenden« von heute?

Nachdem man sich in der Umkleidekabine sämtlicher Kleider entledigt hat – es wird nach Geschlechtern getrennt gebadet – tritt man ein in eine wundersam **erhabene Sphäre**, in der man die Belange der irdischen Gegenwart für eine Weile vergisst.

Umgeben von dunkelrot-braunen **Marmorwänden** steigt man in das lauwarme Wasser des ersten Beckens, um danach, die Temperierung steigernd, durch einen niedrigen Eingang den großen, von schwerem Dunst erfüllten **Kuppelsaal** der ›Bade-Moschee‹ zu betreten. Das oktogonale mittlere Wasserbecken ist an der Innenseite von Marmortreppen umzogen, die zum Sitzen genutzt werden. Tageslicht dringt nur gefiltert, einem sternenübersäten Himmel gleich, durch die Kuppel. Das ständige Zufließen **frischen Wassers** – vereint mit dem Wortschwall der grüppchenweise kommunizierenden Badegäste – verursacht einen permanenten Geräuschpegel. Das seidige Wasser umspielt wohltuend den Körper, auch die Seele labt sich, und bald stellt sich **Schläfrigkeit** ein. Diesen Zustand nennen die Ungarn ›álmos‹ (schläfrig). Nach dem abschließenden Duschen begibt man sich in den Trockenraum, von dem aus man über eine Treppe hinauf in den Ruhesaal gelangt und die im Nebenraum arbeitenden **Masseure** belauschen kann, deren Fleisch-Beklopfen und -Beklatschen herüber dringt. Ob sie es aber noch so wie die Budaer Bader von 1583 halten, muss der Reisende mit etwas Mut selbst herausfinden.

dem Ende der türkischen Herrschaft ließ der Erzbischof von Esztergom 1703–16 hier wieder eine christliche Stätte errichten. Der anschließende *Hospitalbau* entstand im frühen 19. Jh.

In der Umgebung des Batthyány-Platzes verewigten sich die Türken ein weiteres Mal: im gut erhaltenen **Königsbad** (p furdő) in der Fő utca 82–84 [s. S. 59]. Ab 1566 ließ der türkische Stadtverwalter Pascha Arslan das auch für damalige Verhältnisse kleine Bad unmittelbar an der Stadtmauer errichten. Vollendet wurde es 1570 unter seinem Nachfolger Mustafa Soloki. Es befand sich innerhalb der Mauern im Wohngebiet der Türken. Im Jahr 1827 ließ die damalige Besitzerfamilie König – die später ihren Namen ungarisch führte (Király) – nach Plänen von Mátyás Schmidt das sich anschließende *Gast- und Kurhaus* errichten. Im Hof befindet sich ein Trinkbrunnen, denn Wassertrinken ist ein wichtiger Bestandteil jeder Kur.

TOP TIPP

Das kleine Bad mit dem *oktogonalen Mittelbecken* und den rekonstruierten türkischen Türmen versteckt sich bescheiden zwischen den großen Wohnhäusern der lauten Hauptstraßen. Das stimmungsvolle Thermalbad, das kurioserweise keine eigene *Quelle* besitzt, sondern sein Wasser heute wie zur Türkenzeit durch eine Fernleitung aus dem Lukácsbad bekommt, ist auch an kalten Wintertagen eine Oase der Wärme und Behaglichkeit. Hier zu baden ist zu allen Jahreszeiten ein faszinierendes Erlebnis.

Nicht zu übersehen – die hohen, grazilen Türme der St.-Annen-Kirche

31 St.-Annen-Kirche
Szent Anna templom

Die schlanken Kirchtürme mit den charakteristischen Helmen sind bei Stadtwanderungen in Buda ein wichtiger Orientierungspunkt.

Batthyány tér 7
M 2 bis Batthyány tér

An der südlichen Seite des Batthyány-Platzes steht die schöne, zweitürmige Annenkirche mit dem ehem. Kloster, in dessen Erdgeschoss seit Mitte der 1970er-Jahre das sehr angenehme *Kaffeehaus* ›Angelika‹ untergebracht ist.

Die hochbarocke **Kirche** entstand 1741–61 nach Plänen der Baumeister *Matthäus Nepauer* und *Miklós Hamon*, die sich in ihrer Ausführung auf italienische Vorbilder stützten. Über dem Hauptportal sind Statuen der hll. Anna und Maria zu sehen, darüber das Stadtwappen von Buda und am Giebelgesims eine Engelsgruppe. Der **Innenraum** wird von dem prachtvollen *Baldachin-Altar* beherrscht, der als Skulpturengruppe Anna und das Marienkind zeigt. Wahrscheinlich ist der Altar um 1771–73 entstanden und, genauso wie die *Kanzel*, ein Werk des Budaer Bildhauers Carlo Bebo.

Die Wände wurden erst 1935 mit Kunststein verkleidet, aus dieser Zeit stammt auch das *Fresko* von Pál Molnár-C. und Béla Kontuly. Eine Besonderheit dieser Kirche ist ihr ovaler Grundriss, eine in Ungarn selten ausgebildete Bauform.

Verbindung zwischen dem Burgpalast und dem Donauufer – die Treppenanlage des Burggarten-Basars

32 Burggarten-Basar
Várkert bazár

Ehemals prachtvolle Treppenanlage der Budaer Burg.

Lánchíd utca
Bus 86, Straßenbahn 19

Zwischen dem Südabhang des Burgbergs und dem Gellértberg lag einst der stimmungsvolle Stadtteil **Tabán**, heute erstrecken sich hier ausgedehnte Parkanlagen. Das ›Bindeglied‹ zwischen Burg- und Gellértberg ist bereits um 1900 Sanierungsarbeiten zum Opfer gefallen; von dem einstigen Armenviertel sind lediglich die Pfarrkirche, das Raitzen-Bad (Rácz fürdő) und einige Wohnhäuser erhalten geblieben. Tabán galt als Handwerker- und Handelsstadtteil. Die Lage zur Donau bestimmte die Bevölkerungsstruktur, sie begünstigte durch den Schiffsverkehr den Handel und förderte das Handwerk.

Das **Raitzen-Bad** war einst die bevorzugte Thermalquelle von König *Matthias Corvinus*. Beschreibungen nach gab es einen Tunnel zwischen dem ursprünglichen Bad und der Burg, der dem König ungestörten Zugang zum Bad ermöglichte. Zur Zeit der ungarischen Hochrenaissance war er der wichtigste Förderer der Budaer Badekultur.

Der 1875–82 errichtete **Burggarten-Basar** gehört zu den imposantesten Arbeiten des Architekten Miklós Ybl. Die terrassenartige *Treppenanlage* sollte die königliche Burg mit dem Donauufer verbinden. Entlang der Treppen waren Geschäfte vorgesehen, an ihrem Fuß sollte ein Restaurant die Besucher einladen.

Ybl orientierte sich an Vorbildern der italienischen und französischen Terras-

Vorbildhaft: Im Burggarten-Basar haben heute Bildhauerateliers Einzug gehalten

Pilgerreise auf den Gellértberg: Von der Zitadelle bietet sich der beste Blick auf Buda

sengestaltung, aber auch die Orangerie in Potsdam (1850–56) zeigt Ähnlichkeiten. Der heutige schlechte Zustand lässt nur schwach den einstigen *mediterranen Charakter* und Glanz der Anlage erahnen. Die Skulpturen der Balustraden fehlen, und in den ehem. Läden sind Bildhauerateliers untergebracht. Damit das Baudenkmal künftig genutzt und damit erhalten wird, hat die Stadt den Burggartenbasar 2003 für 60 Jahre an eine kanadisch-englische Investorengruppe verpachtet.

Im Zeichen des Kreuzes: Seinen Versuch, Ungarn zu missionieren, bezahlte der hl. Gellért mit dem Tod

33 Semmelweis-Museum für Medizingeschichte
Semmelweisz Orvostörténeti Múzeum

Dem berühmten Budapester Arzt Ignaz Semmelweis gewidmet.

Apród ucta 1–3
Tel. 1/375 35 33
www.semmelweis.museum.hu
Di–So 10.30–18 Uhr
Bus 86, Straßenbahn 19

In dem kleinen, nach 1810 im Zopfstil überarbeiteten Bürgerhaus wurde am 1. Juli 1818 *Ignaz Semmelweis* geboren. Er wurde Arzt und entdeckte 1847, dass man die Verbreitung des **Kindbettfiebers** verhindern konnte, wenn die behandelnden Ärzte und Hebammen ihre Hände vor einer Behandlung mit Chlorkalklösung desinfizierten, was ihm den Beinamen ›Retter der Mütter‹ einbrachte. Allerdings nahm die Ärzteschaft Semmelweis' bahnbrechende Erkenntnis erst nach dessen Tod an; der Mediziner starb 1865 angefeindet in einer Wiener Psychiatrie.

Das Museum gibt in angenehm überschaubarer Form einen Überblick über die Geschichte der **Heilmethoden und -instrumente**. Zu den Raritäten des Museums zählt eine weibliche *Wachsfigur* – im 18. Jh. in Florenz entstanden –, die Kaiser Joseph II. 1789 der Pester Universität schenkte. Dieses kunstvolle Modell einer liegenden Frau zeigt die inneren Organe und diente anatomischen Studien.

34 St.-Gellért-Denkmal
Szent-Gellért emlékmű

Der steinerne Bischof hält das Kreuz hoch erhoben und blickt zornig auf die sündige Großstadt.

Szent Gellért hegy
Bus 7, 86, 173

Der Überlieferung nach bezahlte hier der aus Venedig stammende *Bischof Gerhardus*, von den Ungarn Gellért genannt, seinen missionarischen Eifer mit dem Leben. Die Magyaren stürzten ihn in einem Nagelfass jenen Berg hinunter, auf dem heute sein **Denkmal** thront. Dieses entstand mit Hilfe einer Geldspende Kaiser von Wilhelm II. Den Auftrag für das Gellért-Denkmal erhielt Gyula Jankovits, 1904 wurde es feierlich enthüllt.

Empfehlenswert ist der Aufstieg – am steinernen Bischof vorbei – zum Gipfel des Gellértbergs. Man wird mit einer zauberhaften *Aussicht* auf die Donau, das Parlament und den Burgberg belohnt.

35 Zitadelle
Citadella

TOP TIPP

Einer der schönsten Aussichtspunkte der Stadt, besonders in der Abendsonne.

Szent Gellért hegy
Bus 7, 86, 173

Auf kaiserliche Anweisung wurde die **Festung**, die als Kaserne diente, 1850 in

Umstritten – das Freiheitsdenkmal aus sozialistischer Ära

mittelalterlicher Manier errichtet. Die stellenweise 4 m hohe und 3 m starke Mauer umschließt ein ca. 200 m langes Areal. Die Zitadelle sollte militärische Überlegenheit und Stärke zum Ausdruck bringen, u. a. durch Kanonenschüsse, die als Gruß für die vorbeifahrenden Schiffe abgefeuert wurden. 1899 ging die Burg in städtische Verwaltung über und wurde fortan für *friedliche Zwecke* genutzt.

Heute gehört die weiträumige Anlage vor allem den Touristen, die von hier den herrlichen **Ausblick** auf die Stadt genießen, besonders nach Einbruch der Dunkelheit, wenn die Pester Innenstadt sich in ein gleißendes Lichtermeer verwandelt.

Die Parkanlage mit dem **Freiheitsdenkmal** von *Zsigmond Kisfaludi-Stróbl* wurde 1947 als Mahnmal gegen den Krieg angelegt. 40 Jahre lang begleitete dieses Denkmal alle Festlichkeiten des Staates, es war ein Symbol für die ungarische sozialistische Nachkriegsgesellschaft. Um 1990 bewegte die Diskussion, was mit dem Denkmal geschehen solle, die Gemüter der Budapester. Schließlich wurde diese Skulptur an Ort und Stelle belassen.

Andere sozialistische Denkmäler brachte man in den neuen **Skulpturenpark** (Szoborpark múzeum, XXII., Balatoni út, Bus 6 ab Kosztolányi tér, www.szoborpark.hu, tgl. 10 Uhr bis zur Dämmerung). Die in Osteuropa einzigartige Ausstellung bietet einen Rückblick in die Zeit des ›Eisernen Vorhangs‹.

36 Gellértbad
Gellért gyógy fürdő

TOP TIPP *Das fantasievollste und erotischste Bad der Stadt in den schwingenden Formen des Wiener Jugendstils.*

Szent Gellért tér
Tel. 1/466 66 66
tgl. 6–19, Juli/Aug. Fr/Sa zusätzl. 20–24 Uhr
Bus 7, 7A, 86; Straßenbahn 18, 19

Mit der *Sanierung* des Tabán-Viertels war die Errichtung einer neuen Brücke nötig geworden, die den Zollplatz in Pest auf dem kürzesten Weg mit Buda verbinden sollte. 1896 entstand die in Originalform erhaltene, zweitälteste Brücke der Stadt, ursprünglich benannt nach Kaiser Franz Joseph, heute Szabadság híd – *Freiheitsbrücke*. Daraufhin konnte mit der Errichtung eines Neubaus des Gellértbades be-

Einladender Nymphenbrunnen in der Eingangshalle des Gellértbades

Die prachtvolle Innenausstattung des Gellértbades: Kacheln, Mosaike, Figurenschmuck

gonnen werden. Ein erstes **Bad** war 1687 vom Hofarzt des Königs Leopold I., Friedrich Illmer, eingerichtet, 1904 aber in verwahrlostem Zustand abgerissen worden, den Neubau planten die Architekten Sebestyén Hegedüs und Isidor Stark. Ihre beiden Entwürfe unterzog man einer Bearbeitung, deshalb verschob sich der Baubeginn bis zum Jahr 1911.

Das Gestaltungskonzept des Bades entstammt dem antiken römischer **Thermenanlagen**. Dem zentralen *Kuppelraum* sind die einzelnen Bäderabteilungen angegliedert. Das moderne *Wellenbad* im Freien ist in Anlehnung an mediterrane Tradition von weißen Putzmauern umgeben. Am beliebtesten dürfte wohl das *Hallenschwimmbad* sein. Der mit Marmor reich ausgestattete **Jugendstilraum** ist mit ornamentierten Säulen geschmückt und mit türkisfarbenen Kacheln ausgekleidet. Die gläserne Dachkonstruktion der Halle lässt sich bei schönem Wetter öffnen.

Als 1918 Bad und das anschließende *Hotel* mit 240 Zimmern der Öffentlichkeit übergeben wurde, befand sich der Jugendstilbau stilistisch nicht mehr auf der Höhe seiner Zeit. Die Budapester störte das zum Glück nicht, bis heute ist das Gellért eine Institution.

37 Technische Universität
Műszaki Egyetem

Das Ensemble der Universität prägt das Budaer Donauufer zwischen - Freiheitsbrücke und Petőfibrücke.

Műegyetem rakpart
Bus 86, Straßenbahn 18, 19

Die Einrichtung technischer Schulen in Ungarn geht auf den *Bildungserlass* Maria Theresias zurück. Sie förderte – wenn auch in bescheidenem Maße – die Gründung spezialisierter höherer Schulen, in denen meist Ordenslehrer unterrichteten. Buda verfügte bereits 1782 über ein ›Institutum Geometricum‹, welches 1856 zu einem Polytechnikum umgewandelt und 1871 durch den königlichen Kultusminister, Baron József Eötvös, zur *Universität* ernannt wurde.

Das jetzige **Hauptgebäude** der Technischen Universität entstand zwischen 1903 und 1909 und befindet sich in der Budafoki út. Die pavillonartig angelegten Bauten der Universität vom Gellért tér bis zur Bertalan utca sowie der Zentralbau auf dem Műegyetem rakpart 1–3 sind Arbeiten von Alajos Hauszmann, die anderen Institutsgebäude entstanden bis 1936.

Donaubrücken und Margareteninsel – Verbindungsarme zwischen Buda und Pest

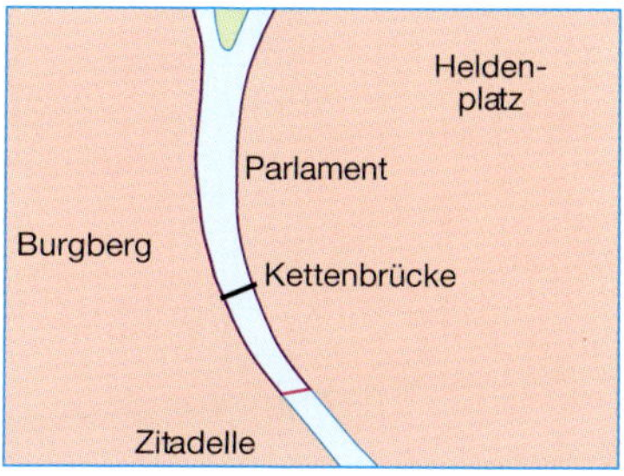

Mitte des 19. Jh., einige Jahre vor der Vereinigung der Städte Buda und Pest, wurden die beiden Donauufer durch eine erste Brücke, die **Kettenbrücke**, miteinander verbunden. Der Bau über die an dieser Stelle mehr als 300 m breite Donau wurde damals als technische Meisterleistung gefeiert und entwickelte sich zu einem Wahrzeichen der neuen Zeit. In den ersten Jahrzehnten nach der Vereinigung 1872 entstanden weitere Verbindungen zwischen den beiden Stadtvierteln, **Margareten-**, **Freiheits-** und **Elisabethbrücke**, später dann noch die Petőfibrücke. Die Lágymányosi-Brücke wurde 1995 eingeweiht. Von der Zitadelle hat man sie alle bestens im Blick. Mitten in der Donau schließlich liegt die etwa 2,5 km lange **Margareteninsel**. Sie ist über die Margaretenbrücke zu erreichen, besitzt Hotels, Restaurants und Cafés und ist die grüne Oase inmitten der Großstadt.

38 Elisabethbrücke
Erzsébet híd

Symbol für den gelungenen Wiederaufbau der Stadt nach dem Zweiten Weltkrieg.

Bus 5, 7, 7A, 8, 78, 112, 173

Die erste Elisabethbrücke entstand zwischen 1898 und 1903 als vierte feste Donaubrücke. Sie galt als technische Sensation, war sie doch die *längste Kettenbrücke* der Welt. In nur einem Bogen, mit je einem Pfeiler an den beiden Ufern, überspannte sie die an dieser Stelle etwa 260 m breite Donau. Während des Zweiten Weltkrieges wurde sie schwer beschädigt. Erst Anfang der 1960er-Jahre entstand nach Plänen von *Pál Sávoly* und unter Nutzung der alten Pfeiler der Neubau, die weiße Kabelbrücke, die den Gellértberg mit der Pester Innenstadt verbindet. Am Brückenkopf von Buda befindet sich eine *Trinkhalle*, in der drei Quellen sprudeln: die Juventus-, die Attila- und die Hungaria-Quelle. Sie dienen nicht nur als Durstlöscher für Reisende – die Bewohner der Stadt lassen sich das Wasser gleich in Kanister abfüllen.

◁ *Die festlich beleuchtete Kettenbrücke*

39 Kettenbrücke
Lánchíd

Eine Meisterleistung der Ingenieurkunst des 19. Jh.

Bus 4, 16, 105

Die Idee, die beiden Städte Buda und Pest durch eine Brücke zu verbinden, ist in den 20er-Jahren des 19. Jh. entstanden. *Graf István Széchenyi*, einer der bedeutendsten ungarischen Reformer des 19. Jh., trug die Idee dem ›Verein zur Stadtverschönerung‹ vor. Doch sollte es noch über 20 Jahre dauern, bis das Projekt verwirklicht werden konnte. Graf Széchenyi beauftragte den englischen Konstrukteur der bekannten Themsebrücke in Hammersmith, Tierney William Clark, mit der Realisierung der Donaubrücke. 1836 wurde ein Verein zur Förderung des Brückenbaus gegründet, vier Jahre später setzte man den ersten Pfeiler. Die Leitung der Bauarbeiten übernahm ein Namensvetter und Landsmann des Konstrukteurs, *Adam Clark*. Die Brücke mit der **Kettenkonstruktion** – eine hervorragende Ingenieurleistung – wurde am 20. November 1849 für den Verkehr freigegeben. Damit war ein allen Funktionen gerecht werdender Verkehrs-

Vom Gellértberg direkt in die Pester Innenstadt führt die Elisabethbrücke

weg entstanden, der Pest – das Zentrum des politischen Lebens und der Verwaltung – mit der königlichen Burg verband.

Adam Clark ließ sich in Budapest nieder und wirkte noch an weiteren technischen Bauten mit. Unter anderem schuf er den 350 m langen **Tunnel**, mit dem eine Verbindung zwischen der *Kristinenstadt* und *Tabán* hergestellt wurde. Der Tunnel mit dem klassizistischen Toreingang an der Ost- und dem romantischen Portal an der Westseite war 1856 fertig. Zum 100-jährigen Bestehen 1949 wurden die Kriegsschäden beseitigt und die Brücke um 1 m verbreitert.

Seit Juli 1999 erstrahlt das Wahrzeichen der Stadt abends schöner denn je: Anlässlich ihres 150. Geburtstages bekam die Brücke ein neues ›Lichtkleid‹.

40 Margareteninsel
Margitsziget

TOP TIPP

Grünes ›Donauschiff‹ im Herzen der Stadt.

Bus 26, 26A ab Nyugati pályaudvar; Straßenbahn 4, 6

Die grüne Insel – im Norden durch die Árpádbrücke und im Süden durch die Margaretenbrücke mit beiden Donauufern verbunden – hat eine Länge von etwa 2,5 km und eine Breite von etwa 500 m. Mehr als 10 000 Platanen bestimmen den Charakter der weitläufigen **Parkanlagen**. Vielfältige Blumenrabatten, der gepflegte Rasen und die großen Schatten spendenden Bäume laden zum Flanieren oder zum Ausruhen vom ›Pflastertreten‹ ein.

Im Norden der Insel entstand bald nach der Entdeckung einer heilkräftigen

Thermalquelle im 19. Jh. ein Kurhotel. Sein Nachfolgebau, das ehrwürdige **Grand Hotel** und das moderne **Hotel Thermal** locken heute Kurgäste aus aller Welt an.

Auch jenen Gästen, die aktive Erholung suchen, bietet die Insel viel: **Tennisplätze**, die 1935 erbaute **Sportschwimmhalle** und das beliebte, mit einem Thermalbecken ausgestattete **Palatinus-Strandbad**. Daneben lohnen der Rosengarten, der japanische Garten oder der Skulpturenpark einen Besuch.

Im Nordosten steht seit 1931 eine kleine Kapelle auf den Fundamenten eines Prämonstratenserklosters aus dem 12. Jh. Von einem durch König Béla IV. errichteten **Dominikanerinnenkloster**, in dem auch seine Tochter, die hl. Margarete, lebte, haben sich nur *Fundamente* erhalten. Überliefert sind jedoch viele Legenden über das Leben und die guten Taten der Heiligen, der die Insel ihren Namen verdankt.

TOP TIPP In den Jahren 1872–76 wurde die **Margaretenbrücke** (Margit híd) nach Plänen des Franzosen Ernest Gouin errichtet. In der Mitte bildet die Brücke ein Knie, von dem aus eine kleine Flügelbrücke auf die Insel führt. Von hier aus bietet sich ein schöner Blick auf beide Donauufer. Im November 1944 detonierten die von der deutschen Wehrmacht unter der Brücke installierten Sprengsätze – am helllichten Tag und ohne jede Vorwarnung. Die Zahl der Opfer dieser Katastrophe fand man nie heraus. Die Erneuerung der Margaretenbrücke dauerte bis in die 1960er-Jahre.

Im Süden Budapests überspannen drei weitere Brücken die Donau: die Freiheitsbrücke (Szabadság híd), die Petőfibrücke (Petőfi híd) und die Lágymányosi-Brücke (Lágymányosi híd).

Die **Freiheitsbrücke**, 1999 saniert, verbindet den Budaer Gellért tér mit dem Pester Kleinen Ring. Die 1894–96 errichtete Eisenkonstruktion ruht auf zwei Pfeilern im Flussbett. Damals hieß sie Franz-Joseph-Brücke, und der Kaiser ließ es sich nicht nehmen, symbolisch die letzte silberne Niete festzuschlagen. Die Nachbildung des gestohlenen Originals mit dem Monogramm F. J. ist unter einer Glasscheibe zu bewundern. Hoch über den eisernen Brückentoren sitzen auf goldenen Kugeln vier *Turul-Vögel* mit ausgebreiteten Schwingen. Der Urvogel Turul hat der Legende nach die Stammesmutter der Árpáden (ungarisches Königsgeschlechts zur Zeit der Landnahme) befruchtet und bevölkert seit der 2. Hälfte des 19. Jh. in vielerlei bronzenen Exemplaren das ganze Land.

Die **Petőfibrücke** überspannt die Donau am südlichen Ende des Großen Ringes. Die 1937 errichtete Balkenbrücke wurde 1980 verbreitert.

Südlichste und jüngste Verbindung zwischen Buda und Pest ist die **Lágymányosi-Brücke**, die seit ihrer Einweihung am 30. Oktober 1995 die anderen stark befahrenen Brücken etwas entlastet.

Grüne Oase der Großstadt: Die Margareteninsel ist beliebter Naherholungsort der Budapester

HAN
GWK
CHANGE

Pest innerhalb des Altstadtrings – das pulsierende Herz der City

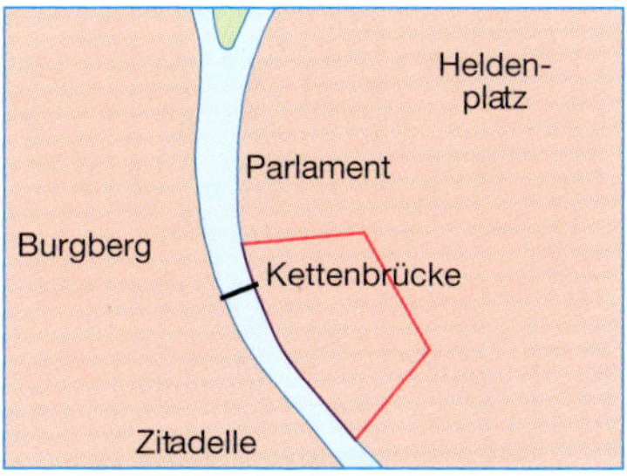

Innerhalb des Altstadtrings, der den Verlauf der mittelalterlichen Stadtmauer kennzeichnet, entstand die erste Ansiedlung auf Pester Seite. Die Pester **Innenstadt** besitzt einige sehr wertvolle religiöse Baudenkmäler, die von Glaubensvielfalt zeugen. Im 18. und 19. Jh. entstanden neben der Innerstädtischen Pfarrkirche auch die **Evangelischen** und die **Griechisch-orthodoxen Kirche** sowie zwei **Synagogen**. Im Herzen der City konzentrieren sich zudem Stätten der Kultur und der Wissenschaft, hier pulsiert aber auch das Leben. Restaurants und Kaffeehäuser laden zum Besuch ein. Und die **Váci utca** gehört seit 200 Jahren zu den beliebtesten Einkaufsstraßen.

41 Universität für Wirtschaftswissenschaften
Közgazdaságtudományi Egyetem

Im ehem. Hauptzollamt ist heute die ›Wirtschafts-Uni‹ untergebracht.

Fő vám tér 8
Straßenbahn 2, 2A, 47, 49; Bus 83

◁ **Links oben:** *Fassade des ehem. Bankhauses Török*
Links unten: *Beliebte Einkaufsstraße Váci utca*
Unten: *Klare Formen – Innenhof der Universität für Wirtschaftswissenschaften*

Miklós Ybl, dem Baumeister des Opernhauses [vgl. Nr. 68], gelang mit diesem 1870–74 entstandenen Bau eine architektonische Leistung, die auf viele nachfolgende öffentliche Bauvorhaben Budapests vorbildhaft wirkte. Typisch für seine Arbeit war das harmonische Zusammenfügen von Formen und Gestaltungsprinzipien verschiedener Stilepochen.

Das Gebäude ist 170 m lang und 56 m breit. Die Dreifach-Gliederung – ein beliebtes barockes Gestaltungsprinzip – beinhaltet eine großzügige Hallengestaltung mit eleganten Treppenaufgängen.

Die *Donaufassade* ist in 33 Achsen gegliedert. Die Ornamentik stützt sich auf antike Dekorelemente. Am nördlichen

Schlaraffenland – die größte Markthalle Budapests bietet die reichhaltigste Auswahl an Obst und Gemüse

und südlichen Hauptgesims symbolisieren *Reliefs* die vier Erdteile. Die *Skulpturen* an der Fassade zur Donauseite sind allegorische Darstellungen des Flusses, der Eisenbahn, der Dampfschifffahrt, der Malerei und Bildhauerei.

42 Große Markthalle
Központi Vásárcsarnok

TOP TIPP

Lebhaftes Markttreiben unter Gusseisen und Glas.

Vámház körút 1–3
Mo–6–17, Di–Fr 6–18, Sa 6–14 Uhr
Straßenbahn 2, 2A, 47, 49; Bus 83

Das bunte Treiben und das reichhaltige Lebensmittelangebot sind so recht nach dem Geschmack jener Leute, die der geordneten Warenwelt der Supermärkte überdrüssig sind. Hinter dem ehem. Zollhaus entstand 1897 die größte **Markthalle** Budapests, die 1995 nach Restaurierungsarbeiten wieder eröffnet wurde. Die 150 m lange Stahl- und Eisenkonstruktion ist in ein erhöhtes ›Mittelschiff‹ und zwei ›Seitenschiffe‹ gegliedert. Auf den Galerien findet man u. a. Blumenläden, Geschäfte mit Handstickereien und Imbissstände.

Von der Markthalle aus bietet sich ein Abstecher zur **Váci utca** an. Die mittelalterliche Hauptstraße von Pest ist heute Fußgängerzone und lockt mit ihrer Mischung aus Geschäften und Restaurants zu einem Einkaufsbummel. In diesem Teil der Pester Altstadt ist in den vergangenen Jahren viel restauriert worden.

43 Ungarisches Nationalmuseum
Magyar Nemzeti Múzeum

Archäologische Funde und Kunsthandwerk hinter klassizistischer Fassade.

Múzeum körút 14–16
www.hnm.hu
Tel. 1/338 21 22
15. März–14. Okt. 10–18,
15. Okt.–4. März 10–17 Uhr
M 3 bis Kálvin tér; Straßenbahn 47, 49

1802 übergab *Graf Ferenc Széchenyi* der Stadt einen Teil seiner Sammlung, den Grundstock des späteren Museums: eine reichhaltige **Bibliothek** und eine **Münzsammlung**. Den Auftrag für einen Museumsbau erhielt Mihály Pollack. Die Napoleonischen Kriege verzögerten jedoch die Realisierung, 1836 musste der Archi-

Der Antike entlehnt: Für den Bau des Nationalmuseums wählte man die Form des Tempels, davor wacht der ungarische Dichter János Arany

Paprika – Zier-, Heil- und Gewürzpflanze

Wer denkt bei Paprika nicht sofort an Ungarn, an Bauernhäuser, an deren Dachtraufen **Paprikaschoten** in dekorativen Girlanden zum Trocknen aufgehängt werden? Paprika ist das **wichtigste Gewürz** ungarischer Gerichte und auch als Gemüse aus der Küche der Magyaren nicht mehr wegzudenken. Tatsächlich aber wird diese Pflanze noch gar nicht so lange in Ungarn angebaut.

Mit der **türkischen Eroberung** im 16. Jh. hielt die Zier-, Heil- und Gewürzpflanze Einzug in Ungarn. Auch nach Vertreibung der ungeliebten Fremdherrscher mochte man auf die Paprikapflanze nicht verzichten. Doch erst mit der **ausbleibenden Gewürzversorgung** während der Napoleonischen Kriege um 1800 begann man, die gut konservierbaren Paprika in größerem Umfang, zunächst als eine Art Pfefferersatz, zu züchten. Die Gegenden um **Szeged**, **Kalocsa**, aber auch um **Budapest** erwiesen sich als anbaugünstig für diese im Frühjahr ausgesäte, Ende Mai auf die Felder gepflanzte und im Frühherbst geerntete Gewürz- und Gemüsesorte.

Getrocknete Paprikaschoten gibt es an jedem Marktstand

Doch Paprika schmeckt nicht nur gut, sie ist auch noch gesund: Der in Budapest geborene Biochemiker und Arzt **Albert Szent-Györgyi** (1893–1986) entdeckte in der landestypischen ungarischen Paprikafrucht Hexuronsäure und stellte fest, dass dieser Stoff identisch ist mit dem Vitamin C. Für diese Entdeckung wurde er im Jahr 1937 mit dem Nobelpreis für Physiologie ausgezeichnet.

tekt an seinem früheren Plan einige Änderungen vornehmen. Trotz der Neuerungen kommt in Pollacks Entwurf der Geist des europäischen Klassizismus zum Ausdruck. Vorbild ist der *antike Tempelbau,* ähnlich wie für Schinkels Altes Museum in Berlin oder Klenzes Glyptothek in München. Alle diese Museumsbauten drücken eine geradezu ehrfurchtsvolle Haltung gegenüber den Künsten und den Wissenschaften aus.

Der Bau des Ungarischen Nationalmuseums ist um zwei Binnenhöfe geordnet, die Seitenflügel sind organisch miteinander verbunden. Hinter der *Säulenhalle* im Erdgeschoss führen seitlich breite, elegante Treppen zu den oberen Geschossen. Die mit einer Kuppel abgeschlossene *Rotunde* und der sich anschließende *Festsaal*, von dem aus man die Ausstellungsräume erreicht, entsprechen ebenfalls dem Gestaltungsprinzip klassizistischer Museumsbauten. Die *Fresken* in den Treppenhäusern stammen von Mór Than und Károly Lotz. Charakteristisch für den Außenbau ist der stark hervortretende *Portikus*. Über acht korinthischen Säulen kann man im Giebelfeld das Relief des Münchner Bildhauers Schaller bewundern, ausgeführt von dem Mailänder Raffaello Ponti.

Pollacks Bau (2003 restauriert) ist die wohl beste Leistung des **ungarischen Klassizismus**. Aufgrund dieses Bauwerks wurde der Architekt zum Ehrenmitglied der Wiener Akademie ernannt.

Die Sammlung: Der Bestand des Museums wurde bereits in der 1. Hälfte des 19. Jh. durch Privatsammlungen bereichert (Kubinyi, Marczibányi, Jankovich, Pyrker). Ende des 19. Jh. entwickelten sich die *naturwissenschaftliche* und die *ethnographische* Sammlung zu selbstständigen Abteilungen, die *Gemäldegalerie* ging 1906 in den Bestand des Museums der Bildenden Künste über. Die reiche Mineraliensammlung ging 1956, dem Jahr des Volksaufstandes und dessen blutiger Niederschlagung, verloren.

Barocke Pracht – die Universitätskirche

Erdgeschoss: Archäologische Abteilung. Funde aus dem Territorium Ungarns aus Urzeit, Neolithikum, Bronzezeit, Römerzeit, ungarische Landnahme.

1. Obergeschoss: Mittelalter. Von der Landnahme über die Zeit des Königs Sigismund und die Epoche König Matthias Corvinus' bis zur türkischen Herrschaft.

2. Obergeschoss: Neuere Abteilung. Ferenc Rákóczi und seine Zeit, Reformzeitalter, Freiheitskampf.

Alle Abteilungen zeigen ungarisches Kunsthandwerk, Goldschmiedekunst, Keramik, Textilien, Möbel, Waffen und Reliquien. Die *ungarischen Krönungsinsignien* Krone, Zepter und Reichsapfel – seit dem Ende des Zweiten Weltkriegs bis 1978 in den USA aufbewahrt – sind seit dem Jahr 2000 nicht mehr im Nationalmuseum, sondern im Parlament zu bestaunen. Sie standen im Zentrum der Feierlichkeiten zur 1000-jährigen Staatsgründung Ungarns.

44 Universitätskirche
Egyetemi templom

Der wohl schönste barocke Kirchenbau Budapests ist eine Gründung des Paulinerordens.

Papnövelde utca
M 3 bis Kálvin tér, M 2 bis Astoria

Der Orden der Pauliner, die einzige ungarische Eremitenkongregation, bestand bis 1949. In den 20er-Jahren des 18. Jh. begannen die in Pest niedergelassenen Orden mit größeren Bauunternehmungen. Der nach Beendigung der Türkenherrschaft seit 1688 wieder tätige Paulinerorden errichtete seine **Kirche** anstelle einer türkischen Moschee (Baubeginn 1725, Weihe 1742, Türme 1771).

Die *Deckengemälde* schuf Johann Bergl aus Böhmen (1776, an der rechten Seite des Chors signiert), die *Schnitzarbeiten* sind Werke der Paulinermönche. Die barocke *Kanzel* ist die herausragende Arbeit eines unbekannten ungarischen Meisters. Am **Hauptaltar** mit einer Figurengruppe der Geburt Mariä befindet sich eine Kopie der *Schwarzen Muttergottes* aus dem polnischen Tschenstochau (um 1720).

Ende des 18., Anfang des 19. Jh. war die Kirche eine Hochburg der ungarischen Reformbewegung, die gegenüber dem Wiener Hof nationale Eigenständigkeit einforderte. 1831 wurde hier zur Pflege der ungarischen Sprache die erste ›Praktische Schule‹ begründet.

45 Serbische Kirche
Szerb templom

Die serbische Kolonie von Pest ließ diese kleine Kirche errichten.

Szerb utca
M 3 bis Ferenciek tere

Vom 17. bis zum 19. Jh. gab es eine große serbische Kolonie in Pest. Nach Plänen von Andreas Mayerhoffer entstand für sie 1698 ein Gotteshaus, das 1733 erweitert wurde. Die **Ikonostase** ist ein Werk Károly Sterios. An der Mauer, die den Garten der kleinen Kirche umfasst, findet man *Grabplatten* aus dem 18. und 19. Jh. mit kyrillischen Inschriften. Die Serbische Kirche, heute ein Ruhepunkt in der lauten Innenstadt, erlebte im 19. Jh. bewegtere Zeiten. Hier bildete sich um *Mihály Vitkovics*, einen Juristen serbischer Herkunft, eine Reformbewegung, die sich für die Entwicklung der ungarischen Sprache und des ungarischen Journalismus einsetzte.

46 Universitätsbibliothek
Egyetemi könyvtár

Top Tipp

Schmuckstücke sind elf mittelalterliche Handschriften aus der Sammlung des Königs Matthias Corvinus.

Ferenciek tere 10
Tel. 1/411 67 38
www.konyvtar.elte.hu
M 3 bis Ferenciek tere

Die Bibliothek wurde von Kardinal *Péter Pázmány* (1570–1637) in *Nagyszombat* begründet, wo der Gelehrte neben einem Priesterseminar auch die Grundlagen für die erste ungarische Universität schaffen konnte. Dieser Buchbestand gelangte 100 Jahre später, zur Zeit Königin Maria Theresias, die auch die Verlegung der **Universität** veranlasste, nach Buda. Ein wesentlicher Teil der Sammlung stammte von den Jesuiten. Diese hatten im 16. Jh. viele Bücher von Adelsfamilien erhalten, die vor den Türken geflohen waren. Joseph II. ordnete schließlich 1784 die Verlagerung der Universität von Buda nach Pest an.

Zu den Inkunabeln gehören **elf Corvinas**, weitere 160 Kodizes mit Miniaturen aus dem 11. Jh., darunter der in griechischer Sprache verfasste *Dante-Kodex*, sowie der vor allem aus medizinischer Sicht interessante *Abucasis-Kodex*. Der fast 2 Mio. Bände umfassende Buchbestand ist besonders für geisteswissenschaftliche Studien von Bedeutung.

Der sanierte **Bibliotheksbau** (1873–76) im Neorenaissance-Stil ist ein Gemeinschaftswerk der Architekten Antal Szkalniczky und Henrik Koch. Die *Fresken* im Lesesaal stammen von Károly Lotz, die Sgrafitti von Mór Than, die Skulpturen von Ágoston Sommer.

Hier lernt es sich gut – stilvoller Lesesaal der Universitätsbibliothek

Einfach, aber schön – Barockfassade der Franziskanerkirche

47 Franziskanerkirche
Pesti ferences templom

Der Stammsitz der Franziskaner in Ungarn ist geprägt von einer wechselvollen Geschichte.

Ferenciek tere
M 3 bis Ferenciek tere

1288 errichteten Franziskaner an Stelle der heutigen Kirche das Kloster St. Petrus. 1298 konnte hier die **ungarische Verfassung** des historisch bedeutsamen Landtags von Rákos verkündet werden. Die Türken wandelten die ursprünglich gotische Kirche dann zu einer Moschee um, die die Franziskaner, als sie 1690 zurückkehrten, wieder als Gotteshaus nutzten. In den Jahren 1727–58 entstand schließlich die heutige einschiffige **Basilika** mit Tonnengewölbe. Nach barocker Bauweise ist das Mittelschiff sehr breit, in den sechs Seitennischen befinden sich die Nebenaltäre, über dem Eingang eine Orgelempore. Die *Fresken* schuf Károly Lotz 1894/95. Die Skulpturen des Hauptaltars entstanden 1741 und 1851. Die Nebenaltäre mit Gemälden und die Kanzel sind auf die Jahre 1851/52 datiert.

Nach Plänen von Ferenc Wieser erhielt die Kirche 1858 einen *Turm* an der Südseite des Chors. Er zählt zu den schönsten architektonischen Lösungen der ungarischen Romantik.

Auf dem Kirchenvorplatz steht der hübsche **Nereidenbrunnen** von 1835. Die Skulpturen der Nereiden, Töchter des Meeresgottes Neptun, schuf Ferenc Uhrl, die Sockel stammen von József Feszl.

Im Klassizismus erlebte die Brunnenplastik in Budapest eine Blüte. Die großen bepflanzten, atriumartigen Innenhöfe und die warmen Budapester Sommer animierten zu vielen reizvollen Brunnenanlagen, sowohl in frei stehender Form als auch als kleine Brunnenplastiken oder Wasserspeier in Hofeingängen und Treppenhäusern. Entlang der Váci utca und an der Radialstraße Andrássy út sind noch einige schöne Beispiele zu sehen.

48 Klothilden-Paläste
Klotild paloták

Imposantes Tor zwischen der Pester Innenstadt und der Elisabethbrücke.

Szabadsajtó út
M 3 bis Ferenciek tere

Die Architekten dieser **Zwillingsbauten**, Kálmán Giergl und Flóris Korb gehören mit zu den bedeutendsten ungarischen

Die prächtige Passage des Pariser Hofs mutet byzantinisch an

Zwillingsbauten: Rechts und links der Straße erhebt sich je einer der Klothildenpaläste

Architekten der Wende zum 20. Jh. Sie studierten wie die meisten ihrer ungarischen Berufskollegen damals im Ausland, in Berlin, Korb bei Kaiser und Grossheim, Giergl bei Gropius und Schmieden. Für das Gemeinschaftsprojekt der beiden *historistischen Bauten* von 1902 stand die spanische Barockarchitektur Pate. Ursprünglich besaßen diese palastartigen Wohnbauten, wie auch der Pariser Hof, *Arkaden* mit Durchgängen und Geschäften im Erdgeschoss.

Nach diesem erfolgreichen ›Debut‹ wurden die beiden Architekten zwei Jahre später mit dem Bau der Musikakademie [Nr. 64] betraut (1904–07).

Folgt man der Szabadsajtó út stadteinwärts, gelangt man nach wenigen Schritten auf der linken Straßenseite zum **Pariser Hof** (Párizsi udvar). Das Mietshaus entstand 1911 nach Plänen von Henrik Schmal. Das Besondere an diesem Jugendstilbau ist die Y-förmige Passage, in der heute ein eher zahlungskräftiges Publikum die Auslagen schicker Geschäfte bewundert. Im Halbdunkel unter den farbigen Glasgewölben tritt die byzantinisch anmutende, reiche Gliederung der Wände erst allmählich zutage.

49 Innerstädtische Pfarrkirche
Belvárosi plébániatemplom

An der Hauptkirche von Pest verbinden sich Gotik und Barock in erstaunlicher Harmonie.

Március 15. tér
M 3 bis Ferenciek tere; Bus 5, 7, 7A, 8, 78, 112

Der älteste Kirchenbau an dieser Stelle wurde im 12. Jh. über einem *römischen Castrum* in spätromanischem Stil errichtet. Während des Tatarenüberfalls von 1243 erlitt die Kirche schwere Schäden. Auch der gotische Nachfolgebau aus dem 15. Jh. wurde bis auf den Chor zerstört und im 17. Jh. von den Türken zur Moschee umgestaltet. Die noch erhaltene **Gebetsnische**, der Mihrab, ist Zeugnis aus dieser Zeit.

Ihr heutiges Gesicht erhielt die dreischiffige *Hallenkirche* mit je drei Seitenkapellen in der Barockzeit, die **Doppelturmfassade** entstand nach Plänen von György Paur 1725–39. Der harmonische Zusammenklang von barockem Westteil und gotischem Ostteil bestimmt heute den Charakter des Kirchenbaus. Unter dem Mittelschiff befindet sich eine **Krypta**, deren Steine noch aus dem römischen Castrum stammen. Hier wurde ein *Lapidarium* eingerichtet, in dem die bei den Bauarbeiten zum Vorschein gekommenen Architekturfragmente aufbewahrt werden. Die Kirche beherbergt auch Kunst des 20. Jh.: den Hauptaltar von László Gerő (1947) mit Gemälden von Pál Molnár-C. und den Taufstein des bedeutenden ungarischen Bildhauers Béni Ferenczy. An der **Außenfassade**, in einer Wandnische des südlichen Turms, befindet sich eine *Plastik* des hl. Florian, der bekanntlich für den Feuerschutz zuständig ist. Der Bildhauer Antal Hörger schuf die Figur im Jahre 1723.

Die Donau bildete viele Jahrhunderte die östliche Grenze des Römischen Reiches. Die Budaer Seite mit der Stadt Aquincum gehörte zur Provinz Pannonien, das heutige Pester Ufer war ›Barbarenland‹. Hier errichteten die Römer einen befestigten Brückenkopf, den sie entsprechend seiner Lage **Contra Aquincum** nannten. Heute ist die frei zugängliche Anlage am Március tér mit dem rekonstruierten *Wachtturm* im Sommer ein beliebter Studenten- und Touristentreff.

50 Griechisch-orthodoxe Kirche
Görög ortodox templom

Ein Symbol für die nationale Vielfalt der Donaumetropole.

Petőfi tér 2b
Straßenbahn 2, 2A

Jahrhundertelang lebten in Budapest Angehörige vieler Nationen mehr oder weniger friedlich zusammen. Im 18. Jh. erlangte die Kolonie der *griechischen Kaufleute* Bedeutung und beschloss die Errichtung einer eigenen Kirche in der Innenstadt.

Der dreischiffige **Bau** entstand 1790–94 nach Plänen von József Jung. Der architektonische Schmuck und die *Ikonostase* (1797–99) sind Arbeiten des Bildhauers Miklós Jankovich, die *Gemälde* stammen von dem Wiener Maler Anton Kochmeister. Die durch einen Brand 1810 stark beschädigten **Kirchtürme** wurden 60 Jahre später von Miklós Ybl erneuert. Er verband die Barockelemente der Fassadengestaltung mit klassizistischen Formen. Der im Zweiten Weltkrieg erneut zerstörte Südturm wurde bislang nicht wieder aufgebaut.

Das **Petőfi-Denkmal** auf dem gleichnamigen Platz nahe der Kirche entstand nach einer Kleinplastik des Bildhauers Miklós Izsó. Adolf Huszár, der Meister des ungarischen Akademismus, führte das Denkmal 1881 nach diesem Vorbild aus.

51 Péterffy-Palais
Péterffy palota

Barockes Bürgerhaus mit gut geführtem Traditionslokal.

Pesti Barnabás utca 2
Straßenbahn 2, 2A; M 2 bis Deák tér, M 1 bis Vörösmarty tér

Das barocke **Bürgerhaus** – heute wirkt es im Vergleich zu den großen umliegenden Gebäuden geradezu winzig – vermittelt einen guten Eindruck von der Bebauung dieses Stadtteils im 18. Jh., als

»Die schwarze Brühe steht noch aus!«

Neben der Badekultur [s. S. 59] zählt der **Kaffeegenuss** zu den von den Ungarn bereitwillig übernommenen Hinterlassenschaften aus der Zeit der türkischen Belagerung. Der Überlieferung zufolge soll der erste Ungar, der den Kaffee probierte, ein berühmter Feldherr namens Bálint Török gewesen sein. Am 29. August 1541 hatte ihn **Suleiman II.** zum Essen in sein Zelt geladen und unterdessen durch seine Janitschar-Truppen die Burg zu Buda besetzen lassen – eine bittere Tatsache, die dem ungarischen Statthalter schließlich beim Kaffee eröffnet wurde. Das **Kaffeetrinken** hatte für Bálint Török schlimme Folgen: Er wurde in ein Gefängnis nach Konstantinopel verschleppt und sah Ungarn nicht wieder. Seither ist im Ungarischen, wenn etwas Unangenehmes befürchtet wird, die Redensart gebräuchlich: »Die schwarze Brühe steht noch aus!«. Dennoch konnte dieser historische Vorfall die ungarischen Landsleute nicht von ihrem **künftigen Lieblingslaster** abhalten. In Mokkatassen oder Gläsern servierter Espresso wird nach dem Essen und auch zwischendurch gerne mehrmals am Tag getrunken.

Kulturpalast – die Säle der Redoute werden für Konzerte und Ausstellungen genutzt

Pest noch von einer Mauer umgeben war. Es liegt heute weit unter dem Niveau der Straße, sein Erdgeschoss entspricht der Lage nach den Kellern der umgebenden Häuser. 1755 hatte die Familie Péterffy das Bürgerpalais von Andreas Mayerhoffer errichten lassen. Im Bogenfeld (Tympanon) über dem breiten *Eingangstor* kann man das Familienwappen sehen.

Seit 1831 beherbergt das Haus das **Restaurant ›Százéves‹**. In der traditionsreichen Gaststätte gehobener Preisklasse gibt es neben internationaler auch ungarische Küche.

52 Redoute
Vigadó

Das Ballhaus ist eines der schönsten und reifsten Werke der ungarischen Romantik.

Vigadó tér 2
www.vigado.hu
Tel. 1/266 61 77
M 1 bis Vörösmarty tér, M 2 bis Deák tér

Das Hauptwerk des Architekten *Frigyes Feszl* entstand 1821–84. Sein klassizistischer Vorgängerbau war während der Befreiungskriege 1848 vollständig zerstört worden. Um das solcher Art beschädigte Panorama der Uferstraße wieder herzustellen, entschloss man sich rasch zum **Neubau**. Der Architekt nahm mit diesem Gebäude nahm den etwa 30 Jahre später auftretenden ungarischen ›Nationalstil‹ vorweg. Die reiche Fassadendekoration und die Innenraumgestaltung schöpfen aus Elementen der Folklore und verbinden verschiedene Stileinflüsse zu einer prachtvollen, romantischen Architektur.

Seit ihrer Wiedereröffnung 1980 dient die Redoute weiterhin Konzerten und Ausstellungen, der *Große Saal* kann z. B. für Bälle gemietet werden. Im Erdgeschoss wurde eine *Kunstgalerie* (Vigadó Galéria) eingerichtet.

53 Kaffeehaus Gerbeaud
Gerbeaud cukrászda

TOP TIPP

Im Herzen der Innenstadt steht eines der traditionsreichsten Kaffeehäuser Budapests.

Vörösmarty tér 7
Tel. 1/429 90 00
www.gerbeaud.hu
tgl. 9–21 Uhr
M 1 bis Vörösmarty tér

Der Konditor *Henrik Kugler* schnitt hier am 14. Oktober 1858 seine erste Torte an und eröffnete damit ein Konkurrenzunternehmen zur Konditorei Ruszwurm in Buda. Emil Gerbeaud, der nachfolgende Besitzer, ließ das noch weitgehend er-

Kaffeehaus Gerbeaud – Kaffee und Kuchen wie in der guten alten Zeit

haltene **Interieur** gestalten. Der reiche Stuck, die Lüster, die Marmortische, Holzverkleidungen und Brokattapeten orientieren sich an Wiener Vorbildern.

Nach umfassender Renovierung Ende der 90er-Jahre des 20. Jh. in *Gerbeaud* umbenannt, wurde das Café von den neuen österreichischen Eigentümern um ein Speiserestaurant und einen Bierkeller erweitert. Das Gerbeaud ist stets gut besucht, und wenn es das Wetter erlaubt, empfiehlt es sich, auf der *Terrasse* zu sitzen und von dort aus die intime und zugleich geschäftige Atmosphäre des Vörösmarty-Platzes zu genießen.

Strenger Klassizismus – Fassade der Evangelischen Kirche

54 Evangelische Kirche und Evangelisches Landesmuseum

Déak téri evangélikus templom es Evangélikus Országos Múzeum

Puritanisch-strenges Bauensemble, Hort der ungarischen Lutheraner.

V., Deák Ferenc tér 4–5
M 2 bis Deák tér

Joseph II. erließ 1781 den sog. *Duldungsbeschluss*, der die Tätigkeit der reformierten Kirchen in Ungarn legalisierte. Wo mehr als 100 evangelische Familien zusammen lebten, konnten nun eigene *Kirchengemeinden* gegründet werden. 1791 beauftragte die Lutherische Gemeinde von Pest den Baumeister János Krausz mit der Errichtung der **Evangelischen Kirche**, eines Pfarrhauses und einer Schule. Nach dem Krausz' Tode setzte Mihály Pollack die Bauarbeiten fort. 1808 war das Gebäude vollendet, 1856 gestaltete József Hild den klassizistischen strengen *Portikus* mit dorischen Halbsäulen. Seit dem Jahr 2003 wird die Kirche restauriert.

Das **Evangelische Landesmuseum** (Di–So 10–18 Uhr) spiegelt die Geschichte der ungarischen Lutherischen Kirche wider. Während der *Reformation* hatte die neue Konfession in Ungarn zunächst viele Anhänger gewonnen, erst die Gegenreformation und die Vertreibung vieler protestantischer Familien Ende des 16. Jh. brachten der katholischen Kirche ihre ursprüngliche Vormachtstellung zurück (zzt. bekennen sich etwa 5 % der Ungarn zum Luthertum, etwa 16 % zum Kalvinismus). Zum kostbaren Bestand des Evangelischen Landesmuseums zählt das 1542 in Wittenberg verfasste *Testament Dr. Martin Luthers*. Der Archäologe Miklós Jankovich hatte das wertvolle Dokument 1804 bei einer Auktion in Helmstedt ersteigert. Gezeigt werden auch die erste ungarische Bibelübersetzung sowie Lehrbücher, Chroniken und Bildnisse berühmter ungarischer Protestanten.

Eine *Gedenktafel* weist darauf hin, dass einst der romantische Dichter Sándor Petőfi (1823–1849) die alte **Evangelische Schule** besuchte. So kam er in den Genuss fortschrittlicher pädagogischer Methoden: 1816 hatte der Direktor der Schule, Lájos Schedius, in seiner Schrift ›Die Schule der evangelischen Gemeinde A. C. in Pesth‹ seinem Lehrplan die Lehren des

Im Zentrum des Geschehens – Atlas über dem Portal des Zentralen Rathauses

Schweizers *Johann Heinrich Pestalozzi* zugrunde gelegt. 1952 wurde die Evangelische Schule durch die Kommunisten zwangsaufgelöst. Die Grundschule und das traditionsreiche Gymnasium wurden 1989 feierlich wieder eröffnet.

Unweit der Evangelischen Kirche am **Erzsébet tér** war in den 1990er-Jahren eine großflächige tiefe Baugrube für den Neubau des Nationaltheaters ausgehoben worden. Nach heftigem Streit zwischen Regierung und Verwaltung der Hauptstadt wurde das Theater aber doch nicht hier, sondern außerhalb, im IX. Bezirk an der Donau erbaut [s. S. 87]. Am Erzsébet tér hingegen ist ein öffentlicher **Park** entstanden. Darunter befindet sich seit Frühjahr 2003 außer einer Tiefgarage die *Kulturgrube Gödör* [s. S. 126], ein neuer Veranstaltungsort für Musikfestivals etc.

55 Zentrales Rathaus
Központi Városháza

Im ehem. Kriegsversehrtenasyl residieren heute Budapests Stadträte.

Városház utca 9–11
M 2 bis Deák tér

Wichtigster Bau aus der Regierungszeit Karls III. (1711–40) ist das ehem. **Invalidenhospital**, in dem heute das Zentrale Rathaus untergebracht ist. Im 18. Jh. am nördlichen Rand der Innenstadt noch frei stehend, ist das monumentale Gebäude heute von mehrstöckigen Wohnhäusern des 19. Jh. eingezwängt. 1716 hatten die Entwurfsarbeiten unter dem Wiener Architekten *Fortunato de Prati* begonnen, bald jedoch übernahm der ebenfalls hauptsächlich in Wien tätige *Anton Erhard Martinelli* die Bauplanung. Er orientierte sich an barocken italienischen **Stadtpalästen**. Toskanische Pilaster fassen die drei Stockwerke der Hauptfassade zusammen. In der Verlängerung der Hauptachse entstand eine reich gestaltete *Kapelle*, die heute als Kultursaal genutzt wird. Die Tore mit den herausragenden Giebeln, das stark profilierte Gesims und die Skulpturen an den Eingängen sind Meisterstücke ihrer Zeit. Knapp ein halbes Jahrhundert lang haben vor allem Kriegsversehrte in diesem Gebäude gelebt. Außer den Unterkünften befanden sich hier zwei Krankenhäuser, eine Schule und eine Kapelle für 3000 Gläubige (heute als Konzertsaal genutzt). Weiterhin gab es Metzgerei, Bäckerei und kleinere Läden, sodass die Insassen das Gebäude kaum verlassen mussten. Seit 1894 hat sich hier die Budapester Stadtverwaltung etabliert.

Die Városház utca mündet in Richtung Donau in den Szervita tér. Hier stehen zwei interessante Wohn- und Geschäftshäuser aus der Zeit vor dem Ersten Weltkrieg (Nr. 3 und 5). Das 1906 erbaute ehem. **Bankhaus Török** wird von einem auffälligen Jugendstilgiebel bekrönt. Das stark farbige *Glasmosaik* zeigt die ›Ver-

Gewaltig – Langhaus der Großen Synagoge

klärung der Hungariae‹. Das benachbarte **Rózsavölgyi-Haus** entstand 1912 für eine Schneiderei. Geschäft, Büro und Wohnbereiche sind deutlich voneinander getrennt. Im Dekor lehnte sich der Baumeister Béla Lajta an den Wiener Jugendstil und die Werkbund-Architektur an. Seinen Namen erhielt das Haus nach der heute noch bestehenden Musikalienhandlung, deren alte Ausstattung jedoch 1955 einem Brand zum Opfer fiel.

56 Große Synagoge
Dohány utca zsinagóga

Bis heute geistiges Zentrum des liberalen Judentums in Ungarn und zweitgrößte Synagoge der Welt.

Dohány utca 2–8
Tel. 1/342 89 49
Mo–Fr 10–15, So 10–13 Uhr
M 2 bis Deák tér

Aufgrund des *Duldungserlasses* von Joseph II. erhielten die Juden 1783 in Pest Wohnrecht. Ihnen blieb zwar die Innenstadt verwehrt, doch sie ließen sich so nah wie möglich am Zentrum nieder, in

Mahnmal: Im Innenhof der Großen Synagoge wird der Opfer des Holocaust gedacht

der *Elisabeth-* und in der *Theresienstadt*. Die beiden Stadtteile wurden zu Beginn des 19. Jh. fast ausschließlich von Juden bewohnt, ein Getto hat es aber in Pest vor der Zeit des Faschismus nie gegeben [Buda s. S. 39 f.]. Nachdem 1826 in Wien eine repräsentative Synagoge errichtet worden war, sollte auch die große Gemeinde der Elisabethstadt eine Synagoge erhalten. Bis zur Realisierung vergingen rund 30 Jahre, eine Hochwasserkatastrophe, die Revolution von 1848 und fünf Choleraepidemien verzögerten den Bau. Bis zur Errichtung des Gotteshauses hatten *Schulen* und *Privatwohnungen* als Betstuben gedient.

Am Wettbewerb für die neue Synagoge beteiligten sich namhafte Architekten, Gewinner war der Deutsche *Ludwig Förster*, der erst 1854 in Wien den Bau einer Synagoge beendet hatte. Der kurze zeitliche Abstand zwischen den beiden Bauten – 1857 entstand die Pester Synagoge – erklärt ihre Formenverwandtschaft. Beide greifen in historischer Weise auf Elemente der maurischen Baukunst zurück. Försters Bau ist auch stark von christlichem Denken geprägt: Dem **Langhaus** sind seitlich über zwei Stockwerke die **Frauenemporen** zugeordnet, was dem räumlichen Eindruck nach durchaus der christlichen Basilika entspricht. Der 8,2 m hohe **Thoraschrank** (die Bundeslade) befindet sich nicht wie üblich in der Mitte des Raumes, sondern im Chor – also an der Stelle, die in christlichen Kirchen der Altar einnimmt. Gusseiserne Pfeiler und Träger stützen den weiten eleganten Raum. Die Synagoge, 1929–31 durch zwei Bauten erweitert, ist die größte Europas und bietet 1492 Männern und 1472 Frauen Platz. Im Hof, der von einem Arkadengang umgeben ist, wurde 1990 das *Mahnmal* von Imre Varga zum Gedenken an den Holocaust aufgestellt. Der **Heldentempel** (Hősök temploma) erinnert an die im Ersten Weltkrieg gefallenen jüdischen Soldaten.

Das **Jüdische Museum** (Mo–Do 10–17, Fr/So 10–14 Uhr) entstand 1931 nach Plänen von László Vágó und dokumentiert die Geschichte des ungarischen Judentums von der Römerzeit bis in die Gegenwart. Zur Sammlung gehören u. a. *Autographen* des Philosophen Theodor Herzl (1860– 1904), des Begründers des modernen Zionismus. Eine **Gedenktafel** im Treppenaufgang des Gebäudes erinnert daran, dass sich sein Geburtshaus einst auf diesem Grundstück befand.

Türme der Orthodoxen Synagoge, des zweiten großen jüdischen Gotteshauses von Pest

57 Orthodoxe Synagoge
Zsinagóga

Ein früher Bau des berühmten Wiener Architekten Otto Wagner.

Rumbach Sebestyén utca 11–13
Mo–Fr 10–15, So 10–13 Uhr
M 2 bis Deák tér

Nachdem in der 2. Hälfte des 19. Jh. das liberale Judentum zunehmend an Einfluss gewonnen hatte, gaben die Vertreter der *orthodoxen Glaubensrichtung*, eine eigene Synagoge in Auftrag. Als Architekt gewannen sie den Wiener Otto Wagner. Die ›orientalischen‹ Rankenornamente der **Fassade** nehmen Dekorelemente des Jugendstils vorweg. Der **Innenraum** ist in traditioneller Weise gestaltet: Vorraum und oktogonaler Betraum, in dessen Mittelpunkt das Lesepult steht, sind deutlich voneinander getrennt.

Während des Zweiten Weltkriegs wurde die Synagoge stark beschädigt, seit 1959 fanden hier keine Gottesdienste mehr statt. Für eine eventuelle Erneuerung konnte Daniel Libeskind gewonnen werden.

Pest außerhalb des Altstadtrings – Bautätigkeit im Zeichen einer neuen ungarischen Eigenständigkeit

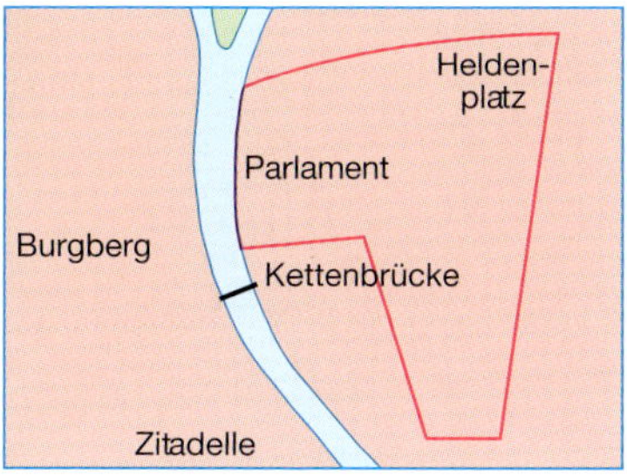

Die Zeit nach dem österreichisch-ungarischen Ausgleich 1867 bis zu den Milleniumsfeierlichkeiten 1896 war von reger Bautätigkeit geprägt. Innerhalb nur weniger Jahrzehnte entstanden so gewaltige Bauten wie das neogotische **Parlament** und die **Ungarische Staatsoper**. Zugleich wuchs Pest weit über seine mittelalterlichen Grenzen hinaus, es entstanden mehrstöckige, von Historismus und Nationalstil geprägte Miets- und Geschäftshäuser. Einen städtebaulichen Akzent bildet vor allem der Heldenplatz mit dem Millenniumsdenkmal, der vom **Museum der Bildenden Künste** und der **Kunsthalle** flankiert wird. Zum attraktiven Umfeld gehören Buchläden, Kunsthandlungen und Künstler-Cafés.

58 Rákóczistraße
Rákóczi út

Lebhafte Geschäftsstraße, geprägt von Häusern der Jahrhundertwende.

M 2 bis Astoria, Blaha Lujza tér oder Keleti pályaudvar;
Bus 7, 7A, 78, 173

Der 1906 nach Fürst Ferenc Rákóczi II. (1657–1735) benannte Straßenzug führt in östlicher Richtung aus Pest hinaus. Das älteste Bauwerk ist die **St.-Rochus-Kapelle** (Szent Rókus Kápolna, Haus Nr. 31) von 1797. Die im Gedenken an die Opfer der Pestepidemie von 1711 errichtete kleine Votivkirche wurde 1958 in ihrer ursprünglichen Form wiederhergestellt.

Haus Nr. 18 (1911) ist ein Werk von Béla Lajta, von dem auch das Rózsavölgyi-Haus am Szervita tér [vgl. Nr. 55] stammt. Die von ihm eingeführte *Fassadengestaltung* mit Arkadengängen für Geschäfte fand auch bei Neubauten der 1950er-Jahre Anwendung. Das 1893 im Stil des Historismus errichtete **Haus Nr. 21** war Sitz der Urania-Gesellschaft, die nach Berliner und Wiener Vorbild wissenschaftliche Erkenntnisse in populärer Form vermitteln wollte. Nach langem Umbau wurde im Februar 2002 hier das *Nationale Musiktheater Urania* eingeweiht.

Die prachtvolle *Neorenaissance-Fassade* des **Ostbahnhofs** (Keleti pályaudvar) entstand 1884. 1969 wurde der größte Bahnhof Budapests im Zuge der Umgestaltung des *Vorplatzes* mit der Untergrundbahn (Metrolinie 2) verbunden.

Gegenwärtig erhält das Viertel ringsum Stück für Stück seinen alten Glanz zurück. Zu seiner kulturvollen Neubelebung tragen das rekonstruierte **Hotel Palace** (jetzt Novotel) in der Rákóczi út 43 und die altungarische Traditionskonditorei **Hauer** (Nr. 47–49) wesentlich bei.

◁ *Fülle des ungarischen Jugendstils – schneeweiße maurische Bögen und Kuppel aus farbigem Glas im Museum für Kunsthandwerk*

59 Museum für Kunsthandwerk
Iparművészeti Múzeum

TOP TIPP

Eindrucksvoll ornamentierter Museumsbau.

Üllői út 33–37
Di–So 10–18 Uhr
M 3 bis Ferenc körút;
Straßenbahn 4, 6

Der **Nationalstil** strebte den Bruch mit dem Historismus an, übernahm die *Ornamentfreudigkeit* der Volkskunst und orientierte sich an der islamischen Architek-

Das im Jahr 2002 eröffnete Budapester Nationaltheater fasziniert durch flott kombinierte Stilzitate und expressiven Formenreichtum

tur und dem deutsch-österreichischen Jugendstil. *Ödön Lechner*, sein Hauptvertreter, gestaltete die *Fassade* aus glasierten Backsteinen, geschmückt mit Pyrogranit-Kacheln. Der metallische Glanz der Kacheln und die reiche Ornamentik bestimmen das äußere Bild des 1896 vollendeten Bauwerks. Im schneeweißen **Inneren** fühlt man sich in den Orient versetzt: *Maurische Bögen* öffnen sich von der hohen Mittelhalle zu den Ausstellungsgeschossen. Eine *Kuppel* aus leuchtend farbigem Glas überspannt die Halle.

Die **Sammlung** umfasst alle großen Stilepochen. Einheimische Haban-Keramik ist ebenso vertreten wie Meißner Porzellan, Orientteppiche, Goldschmiedekunst oder Jugendstilschmuck.

60 Holocaust Museum
Holocauszt Emlékközpont

Dokumentationszentrum und Gedenkstätte für jüdische Opfer des Zweiten Weltkriegs.

Páva utca 39
Tel. 1/455 33 33
www.hdke.hu
Di–So 10–18 Uhr, bis voraussichtlich Ende 2005 geschl.
M 3 bis Ferenc körút oder Klinikák

Anlässlich des Holocaust Gedenktages (16. April) eröffneten Staatspräsident Ferenc Mádl und Ministerpräsident Péter Medgyessy im Beisein des israelischen Staatspräsidenten Moshe Katzav am 15. April 2004 das Holocaust Museum und Dokumentationszentrum, das erste seiner Art in Ungarn überhaupt. Die Gedenkstätte ist den 600 000 Juden gewidmet, die während des Zweiten Weltkriegs in Ungarn umgebracht wurden. Allein Mai–Juli 1944 fanden über 400 000 in den Vernichtungslagern den Tod. Laut einer Umfrage sind heute nur etwa 2 % der Bevölkerung über diesen Teil ihrer Geschichte und die Mittäterschaft von Ungarn beim Massenmord informiert.

Dem Bau der innerhalb eines Jahres fertig gestellen Anlage gingen viele Diskussionen und eine lange Vorbereitungszeit voraus. Der Komplex besteht aus der 1650 m² großen Ausstellungshalle, dem dreigeschossigen Hauptgebäude und einer restaurierten Synagoge. Im Januar 2006 eröffnet die neu **Dauerausstellung** mit zahlreichen historischen Exponaten zur Deportation und Vernichtung ungarischer Juden während der Nazizeit. Es werden auch Bilder der bislang gezeigten Fotoausstellung *Auschwitz-Album* zu sehen sein, die die sog. *Selektion* – die Auswahl der Gefangenen für die Hinrichtung bei der Ankunft im KZ – dokumentiert.

61 Nationaltheater
Nemzeti Színház

Der Ungarn liebstes Kind unter den Künsten ist immer noch das Theater.

Bajor Gizi park 1
Tel. 1/341 38 45
Straßenbahn 2, 23, 24, 54, Vorortbahn Csepeli HÉV bis Nemzeti Szíház oder Lágymányosi híd (Brücke)

Platz war – und ist noch heute – reichlich vorhanden auf dem Gelände im Süden von Budapest, das für die in letzter Minute abgesagte *EXPO '95 Wien–Budapest* erschlossen worden war. Hier wurde am 15. Dezember 2002 der **Neubau** des Nationaltheaters feierlich eingeweiht. Das Haus (Architektin: Mária Siklós) verfügt im Großen Saal über 619 Zuschauerplätze, in der Studiobühne finden 150 Menschen Platz. Schon am Haupteingang begrüßen den Besucher neun Musen – allerdings in Stein. Weitere Skulpturen finden sich im *Park* um das Theater, ebenso eine *Freilichtbühne* in Form eines Schiffes. Traumhaft schön ist von hier der Ausblick, den man in Theaterpausen auf das nächtliche, von Sternen und Hauslichtern beleuchtete Buda genießt.

Das erste ungarische Nationaltheater (1837 errichtet) stand bis 1913 an der Ecke Rákóczi út/Múzeum körút; am zweiten Standort am Blaja Lujza-Platz musste es im April 1965 der U-Bahn M 2 weichen. Pläne, in den 1990er-Jahren, das prestigeträchtige Gebäude am Erzsébet tér neu zu errichten, wurden erst korrigiert, nachdem dort bereits die Baugrube ausgehoben war.

Um das Theater ist nun in Ferencváros, dem IX. Stadtbezirk, ein neues *kulturelles Zentrum* im Entstehen. Schon hat die **Ráday utca**, am Kálvin tér beginnend, mit ihren Straßencafés und Pleinair-Festivals Kultstatus. Die Straße führt direkt hin in das umgewidmete, noch zu rekonstruierende Areal stillgelegter Farbriken und Lagerhallen – ein trendiges Event-Ambiente.

Unmittelbar neben dem Nationaltheater erhebt sich der moderne, am 15. März 2005 eröffnete **Palast der Künste** (www.muveszetekpalotaja.hu). Das Gebäude führt auf insgesamt 64 000 m² Fläche verschiendene Kunstbereiche zusammen.

Das **Festival-Theater** (452 Sitzplätze) im Osten des Gebäudes wird für Prosa, Tanz, Kammeropern und Jazz genutzt. Kirchenschiffähnlich ist der **Nationale Konzertsaal** (1699 Plätze) im Zentrum des Hauses angelegt, 52 m lang, 25 m breit, ebenso hoch und dank ausgezeichneter Akustik einer der besten der Welt. Die Ensembles der Nationalen Philharmoniker und der Nationalchor sind im Palast der Künste zu Hause.

In dem zur Donau hin ausgerichteten Flügel ist von der Budaer Burg das **Ludwig Museum** (Di/Fr/So 10–18, Mi 12– 18, Do 12–20, Sa 10–20 Uhr), auch *Museum für Zeitgenössische Kunst*, umgezogen. Im neuen Quartier entfaltet sich auf drei Etagen und 3000 m² Ausstellungsfläche in hohen, hellen Sälen ein spannungsreicher Ost-West-Kunst-Dialog, architektonisch unterbrochen von überraschenden Geschossöffnungen, Raumdurchlässen und reizvollen Fensterausblicken auf die Donau und ihre Brücken. Schwerpunkte der ständig wachsenden Sammlung sind amerikanische Pop Art, Werkgruppen von deutschen, französischen und amerikanischen Künstlern der 1980-er Jahre und ein Überblick zur ungarischen Kunst der 1990-er Jahre. Werke tschechischer, slowakischer, polnischer, rumänischer und slowenischer Künstler zählen zu den jüngsten Neuerwerbungen bei der Erweiterung der Sammlung. In der 1. Etage werden Sonderausstellungen zu internationaler Gegenwartskunst gezeigt.

62 Kaffeehaus New York
New York Kávéház

Kaffeehaus mit grandioser Innenausstattung.

Erzsébet körút 9–11
M 2 bis Blaha Lujza tér;
Straßenbahn 4, 6

Der ab 1954 unter der Bezeichnung ›Café Hungaria‹ betriebene **Treffpunkt** der literarischen Welt trägt seit den 90er-Jahren des 20. Jh. wieder seinen ursprünglichen Namen – New York. So hieß das Palais einer Lebensversicherungsgesellschaft, in dem 1894 ein Kaffeehaus im Fin-de-Siècle-Dekor eingerichtet wurde. Reiche Innenausstattung mit Leuchtern und Spiegeln, Marmor und Bronze von Gusztáv Magyar-Mannheimer und Ferenc Eisenhut (Deckengewölbe, Ölgemälde) sowie Károly Lotz (Fresken). Auf der theaterähnlich mit Logen versehenen Galerie sind Karikaturen von Schriftstellern und Künstlern zu sehen, die in diesem Hause illustre **Stammgäste** waren. Der Dramatiker *Ferenc Molnár* soll am Eröffnungstag den Schlüssel des Kaffeehauses in die Donau geworfen haben als Symbol dafür, dass dieses den Literaten und Künstlern stets offen stehen möge.

1999 entbrannte ein heftiger Streit um den Verkauf der Immobilie durch die ungarische Treuhand, doch dann nahm ein italienischer Investor die Renovierung in Angriff. Die Wiedereröffnung des ›New York‹ als Hotel (180 Zimmer) und Kaffeehaus ist für Ende 2005 vorgesehen.

63 Hotel Royal
Corinthia Grand Hotel Royal

Renaissance des ›Goldenen Zeitalters‹.

Erzsébet Körút 43–49
Tel. 1/479 40 00
www.corinthiahotels.com
M 2 bis Blaha Lujza tér; M 1 bis Oktogon; Straßenbahn 4, 6 bis Dob utca

Als am 1. Mai 1896 die Budapester Milleniumsausstellung ihre Pforten öffnete, empfing auch Grand-Hotellier Frigyes Glück die ersten Gäste in seinem prächtigen Neubau am Großen Ring. Dieses Hotel Royal hatte Architekt Rezső Ray im Neo-Stil der französischen Renaissance entworfen. Der E-förmige Grundriss betont die Fassade zur Straße, die Gebäudeflügel bildeten Atrien aus, sog. *Cours d'honneur*. Der prächtige Ballsaal des Luxushotels wurde auch für Konzerte benutzt und hier führten am 10. Mai 1896 die Brüder Lumière erstmals vor zahlendem Publikum ihr neues kinematographisches Verfahren bewegter Bilder vor. Bald waren die Budapester vom neuen Medium Film so begeistert, dass der Ballsaal 1915 zum Kino *Royal Apollo* umgestaltet wurde, das nach dem Zweiten Weltkrieg ›Roter Stern‹ (Vörös Csillag) hieß.

Das Hotel selbst sah im Laufe seiner glanzvollen Geschichte zahlreiche Gäste, darunter so berühmte wie Franz Lehár, Max Reinhardt, Asta Nielsen, Zoltán Kodály, Willi Fritsch, Josefine Baker, Jehudi Menuhin, Anna Moffo oder Valentina Tereschkowa. Doch 1991 musste der stark verfallene Bau abgerissen werden. Lediglich die historische Fassade und der alte Ballsaal blieben erhalten. Rund 100 Mio. Euro kostete es, das legendäre Gebäude auf Grundlage alter Pläne wiederzubeleben. Dass es sich gelohnt hat, beweist schon der originalgetreu wiederhergestellte, knapp 11 m hohe *Ballsaal* mit Marmorintarsienboden, vergoldetem Speckstein und Stuck unter drei strahlenden Kronleuchtern. 2004: Preis ›Schönste Hotelarchitektur in Europa‹.

Neugierig darf man auf das alte unterirdische **Thermalbad** neben dem Hotel sein, das Vilmos Freund 1886–88 erbaut hatte. Es wurde erst 1983 beim daraufhin gestoppten Bau eines Parkhauses wieder entdeckt und soll Anfang 2006 renoviert als ›Royal Spa & Wellness Center‹ wieder eröffnen.

Vestibül der Musikakademie – Fresko ›Jungbrunnen‹ von Aladár Kőrősfői-Kriesch

64 Musikakademie
Zeneakadémia

TOP TIPP

Die Musikakademie präsentiert sich in der ganzen Pracht des Nationalstils.

Liszt Ferenc tér 6
M 1 bis Oktogon

Der 1904–07 entstandene **Konzertbau** ist ein schönes Beispiel für den Nationalstil, die ungarische Variante des europäischen Jugendstils. Beliebtes Vorbild war damals die Ornamentik der Assyrer, die in stilisierter Form sowohl die 1997 sanierte Fassade als auch den Innenraum überzieht. Das *Foyer* ist mit Pécser Zsolnay-Keramik ausgestattet. Die *Fresken* sind Arbeiten des Jugendstilkünstlers Aladár Kőrösfői-Kriesch. Der *Konzertsaal* ist für seine hervorragende Akustik bekannt. Während der Unterrichtszeit kann man durch den Nebeneingang in der Király utca in das Gebäude gelangen.

65 Modehalle
Divatcsarnok

Kaufhaus mit glanzvoller Vergangenheit.

Andrássy út 39
M 1 bis Oktogon

Das ursprüngliche Großkaufhaus nach Pariser Vorbild wurde 1882 von Gustav Petschacher erbaut, brannte aber um 1900 aus. Daraufhin erhielt es 1909 eine ›moderne‹ Bundfassade und eine neue Raumeinteilung nach Plänen von Zsigmond Sziklai. Der Bau ist ein wichtiges Beispiel für den **ungarischen Eisenbe-**

tonbau. Im hinteren Teil des Kaufhauses ist ein alter *Ballsaal* mit *Fresken* des ungarischen Malers Károly Lotz erhalten.

Die verstaubte Architektur-Perle an ›Ungarns Hauptstraße‹ ist seit 2001 in staatlichem Besitz. Die Pläne des Architektenvereins zur Rekonstruktion des Originalgebäudes finden seit Anfang 2004 die Unterstützung des Ministeriums für Kulturerbeschutz. Demnach soll bald ein Architekturmuseum in die fünf Stockwerke der früheren Einkaufsgalerien einziehen, in der Erdgeschosshalle sollen sich eine Kunstbuchhandlung und ein Restaurant ansiedeln. Vielleicht wird man dann in den Wintermonaten auch wieder auf dem Glasdach Eislaufen können, wie einst vor dem Zweiten Weltkrieg, als das Luxus-Kaufhaus 500 Angestellte hatte.

66 Ernst-Museum
Ernst Múzeum

Zeitgenössische Kunst aus Ungarn und dem Ausland.

Nagymező utca 10
Di–So 10–18 Uhr
M 1 bis Opera; Bus 70, 78

Lajos Ernst, ein bekannter *Kunstsammler*, suchte und fand 1912 dieses Haus für seine umfangreiche Kollektion. Ernst sammelte vor allem progressive Kunst und veranstaltete in den 20er-Jahren bedeutende **Ausstellungen**. 1932 löste er Teile des Bestandes auf und gab sie als Leihgabe an andere Museen weiter; so gingen Werke älterer Meister an das Ungarische Nationalmuseum und an das Museum der Bildenden Künste.

Eingang und Treppenhaus dieses schönen Jugendstilhauses wurden von Ödön Lechner gestaltet, das leuchtende Glasfenster von Miksa Róth nach Entwurf von József Rippl-Rónai.

67 Haus der Fotografie ›Manó Mai‹
Magyar Fotográfusok Háza

Ausstellungen und ein Sonnenlichtatelier.

Nagymező utca 20
Mo–Fr 14–18 Uhr
M 1 bis Opera, Bus 70, 78

Emanuel Mai (ungar.: Mai Manó, 1855–1917) war kaiserlich-königlicher Hoffotograf. 1878 eröffnete er sein erstes Fotogeschäft in der Andrássy-Allee und galt schon bald als Ungarns bester Kinderfotograf. 1894 ließ sich der Künstler das repräsentative Fotoatelier-Haus in der Nagymező utca errichten, das sich als einziges seiner Art in Europa im ursprünglichen Zustand erhalten hat.

Auf drei Ebenen werden Wechselausstellungen zur historischen und zeitgenössischen Fotografie gezeigt, ergänzt durch Spezialbibliothek und Fotogalerie.

68 Arany-János-Theater
Arany János színház

Innenraum in faszinierendem Art déco.

Paulay Ede utca 35
M 1 bis Opera

Das Viertel war vor und nach dem Ersten Weltkrieg die Hochburg der ungarischen Unterhaltungskunst, die Lokale ›Arizona‹ und ›Parisiana‹ waren Begriffe für kultiviertes **Nachtleben** und für Modernität in der Unterhaltungskunst. Das heutige Neue Theater (Architekt: Béla Lajta), ein Bau aus dem Jahre 1909, beherbergte damals das ›Parisiana‹. Seit 1921 erlebte das Gebäude mehrere Umbauten. Nach aufwendiger Restaurierung wird das Haus nun als Theater genutzt.

69 Ungarische Staatsoper
Magyar Állami Operaház

Bau zwischen Renaissance und Romantik.

Andrássy út 22
M 1 bis Opera

Die 2. Hälfte des 19. Jh. war in Ungarn eine Zeit der **Theater- und Opernbauten**. Das war vor allem den kulturellen Interessen des Bürgertums zu verdanken; in den Ländern der Habsburger Monarchie kamen dazu die Stärkung des nationalen Selbstbewusstseins und die Pflege der *Muttersprache*. Seit 1722 gab es in Pest ein deutsches Theater, das ungarische wurde 1837 eröffnet. Doch ein Opernhaus gab es bis dahin nicht. Noch vor der Vereinigung der Städte Buda, Pest und Óbuda hatte der Rat für Gemeinnützige Arbeiten 1871 die Ausschreibung für ein Opernhaus erlassen. Den Wettbewerb konnte schließlich der Architekt *Miklós*

Die Staatsoper bietet den passenden Rahmen für einen gelungenen Theaterabend

Ybl für sich entscheiden. Am 27. September 1884 wurde das Opernhaus in Anwesenheit der königlichen Familie mit der feierlichen Aufführung der ungarischen Nationaloper ›Bánk Bán‹ von Ferenc Erkel eröffnet.

Die **Fassade** ist streng symmetrisch gestaltet und nimmt in ihrer Gliederung Elemente der Renaissance-Baukunst auf. In den Nischen zu beiden Seiten des Haupteingangs sieht man *Franz Liszt* (links) und *Ferenc Erkel* (rechts), den Begründer der ungarischen Nationaloper. Die ganze Pracht der Neorenaissance entfaltet sich im **Vestibül**. Ybl hat hier vom *Mosaik* des Fußbodens bis hin zum Gewölbeornament eine vollkommene Ausstattung geschaffen. Die *Deckengemälde* stammen von den bedeutendsten ungarischen Malern der Zeit: Károly Lotz, Bertalan Székely und Mór Than. Der sich über drei Geschosse erstreckende **Zuschauerraum** wird von einer Kuppel mit Fresken von Károly Lotz überwölbt. Im **Székely-Saal** befindet sich die Kunst- und Archivsammlung der Oper.

Dem ersten christlichen König Ungarns geweiht – Basilika St. Stephan

Dem Opernhaus gegenüber steht – an der 2002 zum UNESCO-Weltkulturerbe erklärten **Andrássy út** – ein imposanter Bau im Stil der französischen Renaissance-Schlösser, das **Palais Drechsler**. Das Gebäude ist ein Frühwerk von Ödön Lechner. Ehemals als Zentralgebäude der Staatsbahnen erbaut, war bis in die 90-er Jahre des 20. Jh. das Ballettinstitut darin untergebracht. 2003 begann der Umbau zu einem Luxushotel.

70 Basilika St. Stephan
Szent István bazilika

Hoch verehrte Reliquie im größten Kirchenbau Budapests.

Szent István tér
M 1 bis Bajcsy Zsilinszky út, M 3 bis Arany János utca

Wegen ihrer Größe erhielt die dem ersten getauften ungarischen König, dem hl. Stephan, geweihte Leopoldstädter Pfarrkirche die Bezeichnung Basilika. *József Hild*, der herausragende Architekt des ungarischen Klassizismus, errichtete die Kirche 1851–67 über dem **Grundriss** eines griechischen Kreuzes. Nach Hilds Tod 1867 übernahm Miklós Ybl die Bauleitung. Seine Arbeit bestand im Wesentlichen im Wiederaufbau einer neuen Kuppel, denn die erste war eingestürzt. Sie sitzt auf einem Tambour, der außen mit einer Aussichtsplattform versehen ist. Die von Ybl bevorzugte Neorenaissance kam besonders bei der **Innenausstattung** zur Geltung. Die wichtigsten Meister der Zeit, Gyula Benczúr und Károly Lotz, führten die *Mosaik-* und *Freskenarbeiten* aus. Ybl starb 1891, erst 1905 konnte József Krauser den Bau vollenden. In einem gotischen Reliquienschrein in der Szent Jobb Kápolna (Kapelle der Heiligen Rechten) wird die rechte Hand des hl. Stephan als **Reliquie** verwahrt. Seit der Regierungszeit Maria Theresias wird jeweils am 20. August (als König Ladislaus die Hand fand), die Reliquie in einer Prozession dem Volke vorgeführt. Ihre neue *Glocke* erhielt die Basilika 1990 als Geschenk der bayerischen Stadt Passau zur Erinnerung an die Ereignisse 1989, als die ungarisch-österreichische Grenze für Tausende von DDR-Bürgern geöffnet wurde.

Die größte Kirche Budapests erstrahlt nach 20-jähriger Restaurierung seit 2003 wieder in überwältigendem Glanz.

71 Gresham-Palast
Gresham palota

TOP TIPP

Repräsentativer Jugendstilbau – nach Verjüngungskur.

Roosevelt tér 5
M 1 bis Vörösmarty tér;
Straßenbahn 2, 2A; Bus 4, 16, 105

Die englische Versicherungsgesellschaft Gresham ließ ihren ungarischen Verwaltungssitz 1904–07 am Pester Brückenkopf der Kettenbrücke nach Plänen des Architekten Zsigmond Quittner errichten. Der Prunkbau sollte Reichtum symbolisieren, bei der Ausführung wurde nicht gespart. So entstand eine Perle europäischer Jugendstilarchitektur mit arkadenartiger Erdgeschossgestaltung, drei Treppenaufgängen, handgeschmiedeten Pfauentoren, Wandkacheln und Bodenfliesen, beeindruckenden Glasmosaiken und Bleiglasfenster (Glasmaler Miksa Róth) und plastischem Figurenschmuck an der

Sir Thomas Gresham, Gründer der Londoner Börse, wacht im Giebel über die Geschäfte

Außenfassade, an deren Stirnseite auch das in Gold eingefasste Porträt des Firmengründers eingearbeitet wurde.

Aus dem ehemaligen Verwaltungsgebäude ist ein modernes **Luxushotel** geworden – nach aufwendiger Renovierung am 15. Juni 2004 eröffnet. Bei strenger Beaufsichtigung der Bauarbeiten gestattete das ungarische Amt für Denkmalpflege dem kanadischen Hotelkonzern Four Seasons eine postmoderne Zutat: Der Fußboden der Eingangshalle (ursprünglich grauer Asphalt) wurde durch das Mosaik eines zeitgenössischen italienischen Künstlers erneuert.

Schon fruher befand sich in dem Gebäude ein Café, Treffpunkt der ungarischen Avantgarde der 1920-er Jahre, des sog. *Gresham-Kreises*. In dieser Tradition hofft das Gresham-Kaffeehaus darauf, wie einst ein bevorzugter Treffpunkt der Budapester zu werden.

72 Akademie der Wissenschaften
Tudományos Akadémia

Erster Bau im Stil der Neorenaissance.

Roosevelt tér 9
Straßenbahn 2, 2A; Bus 16, 105

Die Gründung der Ungarischen Akademie der Wissenschaften fiel in die Zeit der ungarischen Reformbewegungen, einen Bau erhielt die Akademie jedoch erst 1861. Der Berliner Architekt Friedrich August Stüler gewann die Ausschreibung, Miklós Ybl übernahm die Bauleitung. Die *Fresken* im Festsaal stammen von Károly Lotz. Am 11. Dezember 1865 konnte das

Schwungvolle Fassade der Postsparkasse

Gebäude seiner Bestimmung übergeben werden, umfangreiche Sanierungsarbeiten wurden 1999 abgeschlossen. Vor der Akademie steht das **Denkmal** ihres Begründers *István Széchenyi*, auf der anderen Seite des Platzes, das für *Ferenc Deák*.

Die **Bibliothek** der Familie Teleki bildete den Grundstock. Am bedeutendsten ist die Sammlung orientalischen Schrifttums. Sie umfasst auch den Nachlass von Sándor Kőrösi Csoma (1784–1842), der sich um die Erforschung der Herkunft des ungarischen Volkes bemüht hatte.

73 Freiheitsplatz
Szabadság tér

Der hufeisenförmige Platz gilt als einer der schönsten in Budapest.

M 2 bis Kossuth Lajos tér

Nachdem das Lipotstädter Gefängnis, das sog. Neugebäude, 1786 abgerissen worden war, begann man 1898 mit der architektonischen Umgestaltung des Platzes zu einem Zentrum der Börsen und Banken. Auf dem Platz wurden nach Niederschlagung der Revolution am 6. Oktober 1849 der erste Ministerpräsident der unabhängigen ungarischen Regierung, Lajos Batthyány, und weitere Freiheitskämpfer hingerichtet.

Im ehem. **Börsenpalast** (Szabadság tér 17), den der herausragende Architekt des ungarischen Historismus, Ignác Alpár, 1902–05 schuf, hat heute das Ungarische Fernsehen sein Domizil. Gegenüber steht die schöne, ebenfalls von Alpár errichtete **Ungarischen Nationalbank**.

74 Postsparkasse
Postatakarékpénztár

TOP TIPP

Jugendstilbau mit buntem Majolika-Zierrat.

Hold utca 4
Mo–Do 8–15, Fr 8–13 Uhr
M 2 bis Kossuth Lajos tér

Mit dem **Bau** der Postsparkasse (1899–1902) setzte der Architekt Ödön Lechner seine Bemühungen um den Nationalstil, die ungarische Ausprägung des Jugendstils fort. Sein Verdienst ist es, die vielfältigen ornamentalen Motive der ungarischen Volkskunst in die Architektur integriert zu haben – besonders schön abzulesen an dem aus sechseckigen farbigen Ziegeln bestehenden Dach.

Die letzte Restaurierung des von engen Straßen umgebenen Eckgebäudes erfolgte 1994. Bis heute erstrahlt das Bauwerk mit seinem wellenförmig gestalteten *Hauptgesims* und der geschwungenen *Dachgiebelzone* in seiner ursprünglichen Schönheit und Farbenpracht.

Eigentümer der Postsparkasse ist heute die Ungarische Nationalbank. Vestibül und Schalterhalle sind zu den Kassenzeiten geöffnet. Durch die Türen, die seitlich ins Treppenhaus führen, kann man einen Blick auf die fantasievollen, grünen Metallgeländer und den nostalgischen Fahrstuhl zwischen Marmortreppen werfen.

75 Parlament
Országház

Eines der Wahrzeichen der ungarischen Hauptstadt.

Kossuth Lajos tér
Führungen außerhalb der Sitzungszeiten und nach Voranmeldung:
Tel. 1/441 49 04, 1/141 44 12
Mo–Fr 8–18, Sa 8–16, So 8–14 Uhr (für EU-Bürger mit Ausweis kostenlos in ihrer Landessprache, z. B. in Deutsch Mo–Sa 11 und 15 Uhr)
M 2 bis Kossuth Lajos tér; Straßenbahn 2, 2A

Nach dem ›Ausgleich‹ mit Wien 1867 war die politische und wirtschaftliche Situation in Ungarn so weit liberalisiert, dass man daran denken konnte, ein Parlamentsgebäude zu errichten. Am 4. Dezember 1880 erhoben Kaiser *Franz Joseph* und Ministerpräsident *Kálmán Tisza* dieses Vorhaben zum Gesetz. Der Landtag

Nationalbewusstsein: 1867 begann man mit dem Bau des Parlaments

(das Parlament) tagte bis 1847 in Preßburg und zog dann in die damalige Redoute nach Pest um. 1866 baute Miklós Ybl ein *vorläufiges Abgeordnetenhaus* in der Bródy Sándor utca 8, das heute im Besitz des Italienischen Kulturinstituts ist. An der **Ausschreibung** für das neue Parlament nahmen mehrere berühmte ungarische und ausländische Architekten teil, u. a. Alajos Hauszmann und Otto Wagner, angenommen wurde der Entwurf von Imre Steindl.

Er verband barocke Grundrissgestaltung mit Eisenkonstruktion und neogotischem Aufbau. Steindls Entscheidung für die **Neogotik** blieb nicht unwidersprochen. Manche Kritiker lehnten z. B. den sakralen Charakter des Bauwerks ab. Die

Die Krönung des Parlaments: Die Halle im ersten Obergeschoss wird von einer prächtigen Kuppel überspannt

Blumen- und sternenreiche Dekoration des Schmidl-Mausoleums

Der ungarische Nationalstil

Um die Jahrhundertwende erlebte Budapest einen wahren Bauboom. Neben dem Historismus prägten einige ungarische Architekten damals den Nationalstil, die ungarische Variante des europäischen **Jugendstils**. Ihr Hauptvertreter war **Ödön Lechner**, der mit seinen Bauten fantasievolle Farbtupfer im Pester Stadtbild hinterließ.

Der Architekt orientierte sich in seiner Formensprache hauptsächlich am deutsch-österreichischen Jugendstil, schöpfte aber auch aus der ornamentfreudigen **ungarischen Volkskunst** und der **islamischen Architektur**. Glasierte Backsteine und farbige Dachziegel, angeordnet in verspielten, geschwungenen Formen kennzeichnen seine Arbeiten. Seine wichtigsten Bauten in der ungarischen Hauptstadt sind das **Museum für Kunsthandwerk** (1896), das **Geologische Institut** (1899) und die **Postsparkasse** (1899–1902).

Weitere interessante Bauten des Nationalstils sind die 1904 – 07 entstandene **Musikakademie**, Hauptwerk von Kálman Giergl und Flóris Korb, sowie das **Schmidl-Mausoleum** auf dem Jüdischen Friedhof, ein Gemeinschaftswerk von Béla Lajta und Ödön Lechner.

Anlage erstreckt sich auf 268 m Länge entlang des Donauufers und erfüllt damit zwei Aspekte: Das Parlament sollte ein *Gegengewicht* zu der königlichen Burg am anderen Ufer bilden und die Bedeutung des Flusses für das Stadtbild hervorheben. Charakteristisch für den Bau (1885–1902) ist die mächtige, 96 m hohe **Kuppel**. »Als hätte man einer gotischen Kirche ein türkisches Dampfbad aufgepfropft« – lästerte der Dichter Gyula Illyés. Von der *Kuppelhalle* gehen symmetrisch angeordnete Säle ab, die zehn Innenhöfe einschließen. In der Halle selbst wird seit dem Jahr 2000 die ›**Heilige Krone**‹, auch Stephanskrone genannt, aufbewahrt. 1916 wurde damit Karl IV. als letzter ungarischer König gekrönt. Im *Großen Sitzungssaal* befindet sich Munkácsys *Historiengemälde* ›Landnahme‹, die *Fresken* stammen von Károly Lotz. Architektur und Innendekoration entsprechen dem englischen Decorated Style bzw. sind eine vorzügliche spätere Adaption.

TOP TIPP Im Gebäude befindet sich die **Parlamentsbibliothek** (Mo–Do 9–20, Fr 9–14, Sa 9–18 Uhr). Sie ist der Öffentlichkeit zugänglich und hat einen ausgezeichneten Bestand vor allem zur Rechts- und Geschichtswissenschaft vorzuweisen.

76 Ethnographisches Museum
Néprajzi Múzeum

Sammlung ungarischer und fremdländischer Kulturschätze.

Kossuth Lajos tér 12
Te. 1/473 24 00
www.neprajz.hu
Di–So 10–18 Uhr
M 2 bis Kossuth Lajos tér; Straßenbahn 2, 2A

Gegenüber dem Parlament stehen zwei monumentale Bauten im Stil des **Historismus**, das Landwirtschaftsministerium und die sog. Kurie, in der heute das Ethnographische Museum untergebracht ist. Die Pläne für beide Häuser stammen von *Alajos Hauszmann*. Die 1893–96 errichtete Kurie diente zunächst als Sitz des Obersten Gerichtshofs. Ihr Äußeres erinnert an Gebäude wie den Berliner Reichstag oder den Münchner Justizpalast – eine Kuppel erlaubte die Lage gegenüber dem Budapester Parlament jedoch nicht.

Die pompöse **Innenausstattung** des großen Saals und der Treppenhalle mit den in Pastelltönen gehaltenen *Fresken* von Károly Lotz ist äußerst sehenswert.

Die **Sammlungen** des Ethnographischen Museums gehen auf den Ostasienforscher János Xantus (1825–1894) zurück.

Beeindruckend – Eingangshalle des Ethnographischen Museums mit Fresken von Károly Lotz

Der Diplomat trug auf seinen Reisen wertvolle völkerkundliche Objekte zusammen. Eine Bereicherung der Sammlung bedeutete die Übernahme der *Ungarischen Volkskunstausstattung*, die anlässlich der Millenniumsfeiern 1896 zusammengestellt worden war.

Im **1. Obergeschoss** befindet sich die Sammlung der ungarischen *Volkskultur* einschließlich eines *Musikarchivs* zur Volksmusik. Die mit originalen Gegenständen (Möbel, Hausrat, Kleidung) eingerichteten *Schauzimmer* vermitteln ein realistisches Bild vom Leben in den ungarischen Dörfern der Vorkriegszeit. Das **2. Obergeschoss** präsentiert die Sammlung der *außereuropäischen Kulturen*.

77 Westbahnhof
Nyugati pályaudvar

Elegante Glas- und Eisenkonstruktion der weltberühmten Firma Eiffel.

Teréz körút 109–111
M 3 bis Nyugati pályaudvar;
Straßenbahn 4, 6;
Bus 6, 26, 26A, 91, 191

Am 15. Juli 1846 rollte der erste Eisenbahnzug von hier in das 30 km entfernte Städtchen Vác. Damit war der erste ungarische Schienenweg eröffnet! Den ersten, einfachen Bahnhofsbau löste 1877 der jetzige *Sackbahnhof* ab. Seine Bauzeit fiel insofern in eine günstige Phase, als man damals mit viel Feingefühl und Einfallsreichtum versuchte, mehr Unabhängigkeit von Wien zu erreichen und die Stadt durch großzügige und weitsichtige Projekte zur Weltmetropole zu entwickeln. Den Wettbewerb zur neuen Bahnhofsgestaltung gewann das später berühmte Pariser Architekturbüro Eiffel.

Die Länge der **Bahnhofshallen** beträgt je 146 m, ihre Spannweite 42 m. Die Mittelhalle ist knapp 25 m hoch. Der 1998 vorbildlich restaurierte Budapester Westbahnhof ist eine Glanzleistung der Ingenieurbaukunst. Die *Eisenkonstruktion* liegt hinter einer eleganten Glasfassade. Im östlichen Flügel befinden sich der *große Spiegelsaal*, der für die Anreise des königlichen Ehepaars zu den Millenniumsfesten 1896 erbaut wurde.

Mit der Eröffnung des direkt am Bahnhof gelegenen **Westend City Center** [s. S. 118] 1999 hat der heute täglich von über 400 000 Menschen und 225 000 Fahrzeugen frequentierte Verkehrsknotenpunkt noch an Anziehungskraft gewonnen. Auf brachliegenden Gleisflächen des Güterbahnhofs soll einst ein urbanes Zentrum entstehen.

Glanzleistung der Ingenieurbaukunst – der Westbahnhof nach Plänen der Firma Eiffel

78 Ferenc-Hopp-Museum und György-Ráth-Museum
Hopp Ferenc Kelet-Ázsiai Művészeti Múzeum és Ráth György Múzeum

Ostasiatika in zwei Häusern.

Andrássy út 103 und
Városligeti fasor 12
April–Okt. Di–So 10–18,
sonst Di–So 10–16 Uhr
M1 bis Bajza utca, Bus 4, O-Bus 78, 79

Der Bestand des **Ferenc-Hopp-Museums** in der Andrássy út geht auf die Sammlung des bedeutenden Ostasien-Reisenden Ferenc Hopp (1833–1919) zurück. In seinem Wohnhaus werden heute wechselnde wissenschaftliche Themenausstellungen gezeigt, die aus der rund 20 000 Gegenstände umfassenden Ostasien-Sammlung Hopps bestückt werden. In dem Haus befindet sich auch eine öffentliche Fachbibliothek. Weitere Teile des Hopp-Nachlasses werden in der ständigen Ausstellung Asiatischer Kunst im nahe gelegenen **György-Ráth-Museum** präsentiert. Kleinkunstwerke aus verschiedenen Kulturepochen Indiens, darunter schöne erotische Kleinplastiken, sind ebenso zu besichtigen wie japanische, chinesische, nepalesische und mongolische Exponate. György Ráth (1823–1904), Kulturdiplomat und Museumsdirektor, war selbst passionierter Sammler. In seiner Villa sind mehrere Privatsammlungen zur Kunst des Ostens vereint. Diese Schätze werden nicht nur museal dargeboten, sondern in der Sphäre originaler Wohnungseinrichtung.

79 Miksa-Róth-Stiftung und Glasmuseum
Róth Miksa Emlékház

Mosaik-Kompositionen aus Glas

Nefelejcs utca 26
Tel. 1/341 67 89
Di–So 14–18 Uhr
M 1 bis Bajza utca, Bus 7 A, 73

Seit November 1999 beherbergt das Wohnhaus und die ehem. kunstgewerblichen Werkstatt des kaiserlich-königlichen Hof-Glasmalers Miksa Róth (1865–1944) ein ihm gewidmetes Glasmuseum.

Südostasien mitten in Budapest – Garten des Ferenc-Hopp-Museums

Die Sammlung von Glasmalerei, Glasfenstern, Glasmosaiken und Entwurfszeichnungen stellt Róths Schaffensphasen in der Zeit des Historismus, des Jugendstils und des Art déco vor. Im 1. Stock vermitteln die Wohnräume mit Originaleinrichtung an Mobiliar und Dekoration einen sozialhistorisch bemerkenswerten Einblick in das Leben einer Künstlerfamilie um 1900.

80 Heldenplatz
Hősök tere

Geschichtsträchtiger, von bedeutenden Museen umgebener Platz.

M 1 bis Hősök tere;
Bus 20, 30, 75, 79

Die schönste und in ihrer architektonischen Gestaltung eleganteste Radialstraße von Budapest, die Andrássy út, mündet in den Heldenplatz, ein Meisterwerk des ungarischen Historismus. Zur Feier des 1000-jährigen Bestehens Ungarns 1896 wurde der Platz mit dem **Millenniumsdenkmal** und den umliegenden Bauten gestaltet. Der Architekt *Albert Schickedanz* und der Bildhauer *György Zala* sind die Schöpfer dieses Ensembles. Die beiden Flügel der halbkreisförmigen Säulenordnung werden in der Mitte durch eine 36 m hohe korinthische **Säule** getrennt, die von einer Figur des *Erzengels Gabriel* bekrönt wird. Dieser hatte der Legende nach dem hl. Stephan die Heilige Krone Ungarns selbst überreicht. Den Sockel umstehen die sieben *Stam-*

Große Ereignisse … – 1896 feierte Ungarn sein 1000-jähriges Bestehen und gestaltete den Heldenplatz mit dem Millenniumsdenkmal ▷

mesfürsten Ungarns. Im linken Halbrund sieht man die *ungarischen Könige* des Árpáden-Geschlechts und aus dem Hause Anjou, rechts standen ursprünglich Statuen der Habsburger, nach 1945 wurden sie aber durch Darstellungen ungarischer *Freiheitskämpfer* ersetzt.

Da Budapest weder einen Triumphbogen noch ein Heldenpantheon besaß, sah man im Millenniumsfest die Herausforderung, ein solches *Nationaldenkmal* zu schaffen. Am 20. August 2001 wurde der sanierte Heldenplatz feierlich wieder eingeweiht.

81 Museum der Bildenden Künste
Szépművészeti Múzeum

TOP TIPP

Umfassende Sammlung Alter Meister, dazu etwas Antike und Moderne.

Dózsa György utca 41
Tel. 1/469 71 00
www2.szepmuveszeti.hu
Di–So 10–17.30 Uhr
M 1 bis Hősök tere;
Bus 20, 30, 75, 79

Ganz dem Zeitgeist des ›Fin de Siècle‹ entsprechend, entstanden am Heldenplatz zwei Museumsbauten. Links vom Denkmal steht das Museum der Bildenden Künste und rechts die Kunsthalle.

Ein neues Museum der Bildenden Künste mit Alten Meistern zur 1000-Jahr-Feier

Das Museum der Bildenden Künste wurde 1906 vollendet. Vom letzten großen Aufschwung der europäischen Ausstellungsarchitektur des 19. Jh. getragen, ist es dem Wiener Kunsthistorischen Museum vergleichbar. Albert Schickedanz und Fülöp Herzog, die beiden Baumeister, arbeiteten ganz im Sinne der klassischen Tempelbauten und der italienischen Renaissance. Dem **Hauptbau**, in dem sich die Gemäldegalerie und Verwaltungsräume befinden, setzten sie drei *tempelartige Bauten* vor, die durch niedrigere Trakte miteinander verbunden sind. Acht korinthische Säulen tragen den Giebel, in dessen Tympanon Skulpturen den ›Kampf der Kentauren und Lapithen‹ darstellen, eine Nachbildung der Kentauromachie im Giebelfeld des antiken Zeustempels von Olympia.

Die Sammlung: Den Grundstock des Bestandes bildete die 1870 angekaufte

Sammlung Eszterházy. Ursprünglich besaß das Museum nur Gemälde, Zeichnungen und Druckgrafik, aber schon der erste Direktor, Károly Pulszky (1881–96), begann Skulpturen zu erwerben. Mit dem Ankauf der Sammlung Paul Arndt wurde 1908 die *Antikensammlung* begründet, 1934 entstand die *Ägyptische Sammlung*. Berühmt ist die Abteilung *Spanischer Malerei*. Neben dem Madrider Prado gilt sie als umfangreichste und qualitätvollste der Welt. Allein von El Greco sind sieben Gemälde ausgestellt. Auch die *Italienische Malerei* ist vertreten. Schließlich verdient noch die Sammlung *Altdeutscher Malerei* Beachtung. Neben Werken von Altdorfer und Cranach begeistert vor allem Dürer.

Wegen umfangreicher Restaurierungsarbeiten sind einige Bereiche zeitweise nicht zugänglich. Dicht gedrängt präsentiert sich die Galerie der *Alten Meister* im linken Flügel. Im Untergeschoss entstanden neue Ausstellungsräume für Moderne Kunst sowie für die Ägyptische Sammlung, Antikensammlung, Malerei des 19. Jh. und die Skulpturensammlung finden sich im Erdgeschoss, ferner Museumsshop und Café.

82 Kunsthalle
Műcsarnok

Tempel der Gegenwartskunst.

Dózsa György út 35
www.mucsarnok.hu
Di–So 10–18, Do 12–20 Uhr
M1 bis Hősök tere;
Bus 20, 30, 75, 79

Wie in anderen aufstrebenden Großstädten bestand auch in Budapest Bedarf an einer Kunsthalle, um Zeitgenössisches zeigen zu können. Die erste Kunsthalle befand sich im Haus Andrássy út 69, der Bau war nach Plänen von Adolf Lang 1877 fertig gestellt worden. Dieser erwies sich

Und noch ein Museumsbau: Auch die Kunsthalle entstand aus Anlass der Millenniumsfeierlichkeiten

nach knapp zehn Jahren als zu klein; das sich nähernde *Millenniumsfest* war auch hier willkommener Anlass, über einen Neubau nachzudenken. Albert Schickedanz gestaltete die Kunsthalle (Műcsarnok) als **Pendant** zum gegenüberliegenden Museum der Bildenden Künste. Von der Empfangshalle öffnen sich die Ausstellungssäle, eine halbrunde ›Apsis‹, die Skulpturenhalle, schließt den Bau ab. Die grundlegende Restaurierung der Kunsthalle wurde – einschließlich einer Erneuerung der Glasüberdachung – 1996 abgeschlossen. Sie ist heute ein wichtiger Ort für repräsentative *Ausstellungen zeitgenössischer Kunst* in Ungarn.

Ausrangiert – Modelle aus den Anfängen der Budapester Untergrundbahn im U-Bahn-Museum

83 Kleine Untergrundbahn
Kis földalatti

Direkte Verbindung vom Zentrum zum Stadtwäldchen.

M 1

Vom 13. August 1894 bis zum 2. Mai 1896 dauerte der Bau der ›Franz-Joseph-Untergrundbahn‹. Die Strecke führt von der Budapester Innenstadt zum Stadtwäldchen. Diese Millenniums-U-Bahn (Millenniumi Földalatti Vasút) war die erste elektrisch betriebene Untergrundbahn auf dem europäischen Kontinent.

In London hatte es bereits früher eine U-Bahn gegeben. Sie wurde allerdings mit Dampfloks betrieben, was erhebliche Belüftungsprobleme mit sich brachte. Um solche Schwierigkeiten auszuschließen, konzentrierte man sich in Budapest von Anfang an auf den **elektrischen Betrieb**. Auch in der Bauausführung war die Budapester U-Bahn-Strecke moderner als die Londoner. Sie liegt relativ dicht unter der Straßenoberfläche, was die Bauarbeiten erleichterte. Über 50 Jahre lang erfüllte die U-Bahn auf der knapp 4 km langen Strecke ihre Funktion in ursprünglicher Form, die Züge wurden erst in den 60er-Jahren des 20. Jh. ausgetauscht.

Im **U-Bahn-Museum** (Di–So 10–18 Uhr) in der Unterführung am Deák Ferenc tér kann man einige der alten Originalwaggons besichtigen.

Stadtwäldchen und Umgebung – die grüne Lunge der Stadt

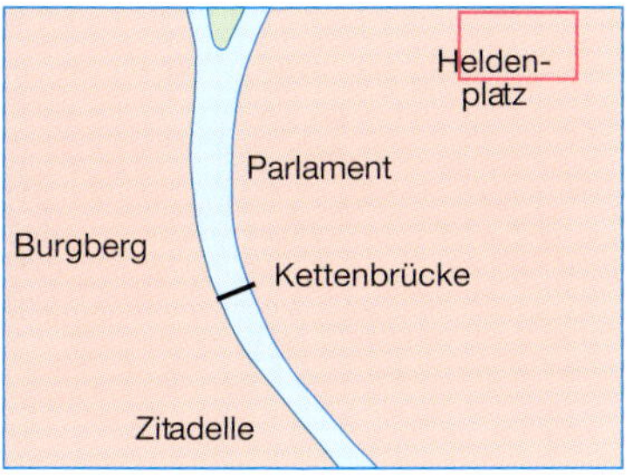

Ende des 18. Jh. »ruft das Gewissen der Stadt nach Begrünung, denn der Staub auf der Pester Seite nimmt unerträgliche Ausmaße an« – so berichtet die Chronik. So entstand aus einem einstigen königlichen Jagdgebiet ein etwa 1 km^2 großer Park, das **Stadtwäldchen**. Einst eher unwirtlich, ist das Areal heute die grüne Lunge Budapests und mit seinen **Vergnügungsmöglichkeiten** und **Restaurants** ein beliebtes Ausflugsziel. Eine eigenwillige Attraktion des Parks ist die Burg **Vajdahunyad**. Außerdem trägt das **Széchenyi-Thermalbad** im Park zur Badekultur bei.

84 Burg Vajdahunyad
Vajdahunyad vára

21 markante Bauwerke Ungarns zu einer fantastischen Burg zusammengepuzzelt.

Városliget, Széchenyisziget
M 1 bis Széchenyi fürdő

Der Hauptteil dieses romantischen **Fantasiebaus** besteht aus einer Nachbildung der Burg Vajdahunyad in Siebenbürgen – daher der Name. Der Architekt Ignác Alpár vereinte in seinem Werk wichtige ungarische Gebäude aller Stilrichtungen, von der Romanik bis zum Rokoko. Man könnte die Anlage, die wie so viele andere für die Millenniumsfeier 1896 geplant und gebaut wurde, ein ›Disneyland‹ des ungarischen ›Fin de Siècle‹ nennen.

Im ›Barockflügel‹ des Schlosses ist seit dem Millenniumsfest das **Ungarische**

Romantisches Fantasiegebilde: Aus Nachbildungen von 21 bekannten ungarischen Bauwerken entstand die Burg Vajdahunyad

Ganz und gar nicht anonym – die Figur des Anonymus zählt zu den bekanntesten Denkmalskulpturen Budapests

Landwirtschaftsmuseum (Magyar Mezőgazdasági Múzeum, März–14. Nov. Di–Sa 10–17, So 10–18, sonst Di–Sa 10–16, So 10–17 Uhr) untergebracht, das größte seiner Art in Europa. Hier lernt man die Geschichte des Ackerbaus und der Viehzucht, der Fischerei, der Jagd und der ungarischen Pferdezucht kennen.

Gegenüber dem Landwirtschaftsmuseum steht das wohl **populärste Denkmal** Budapests. Im Gegensatz zu den akademischen Denkmalplastiken auf dem Heldenplatz und anderen öffentlichen Plätzen zeigt die **Skulptur des Anonymus** eine interessante, moderne Auffassung. Kaiser Wilhelm I. hatte 1897 bei seinem Besuch in Budapest festgestellt, dass es in der Stadt nur wenige Denkmäler gab und verfügte deshalb eine Geldspende für diesen Zweck. So kam der Bildhauer *Miklós Ligeti* zu seinem Auftrag, den er 1903 beendete. Er ehrte den namentlich nicht bekannten Chronisten von König Béla III. auf originelle Weise: Die Kapuze der Mönchskutte verdeckt das Gesicht des Schreibenden. Anonymus verfasste die erste Geschichte seines Volkes, die ›Gesta Hungarorum‹ (um 1204).

Der künstlich angelegte **Teich** bietet sich im Sommer zum Rudern und im Winter zum Schlittschuhlaufen an. 1870 hatte Kronprinz Rudolph von Habsburg veranlasst, eine *Eisbahn* mit Wärmehalle am Teich des Stadtwäldchens einzurichten. Am 11. Dezember 1875 war die jetzige Halle, ein stimmungsvoller Kuppelbau von Ödön Lechner, in dem ein Restaurant, die Garderoben und die Wärmehalle untergebracht sind, fertig gestellt. Die Kunsteis-Anlage baute man 1926 ein.

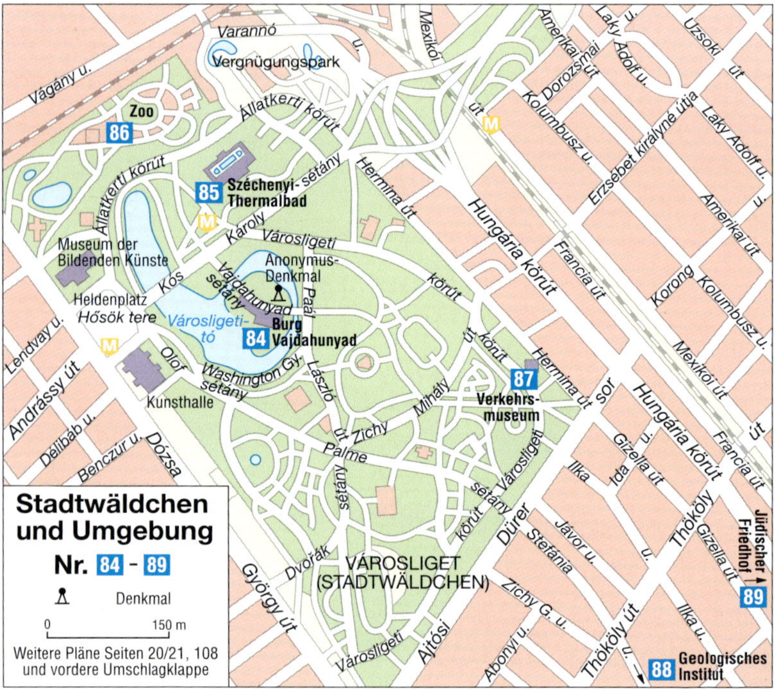

Unter freiem Himmel: In den Sommermonaten werden in der Burg Vajdahunyad Freiluftkonzerte veranstaltet

85 Széchenyi-Thermalbad
Széchenyi fürdő

TOP TIPP *Lustwandeln, plaudern und bei 38 °C im Wasser Schach spielen.*

Állatkerti körút 11–13
tgl. 6–19 Uhr
M1 bis Széchenyi fürdő

Auf der Budaer Seite siedelte sich die Bevölkerung rund um die Thermalquellen an, während sie sich auf der Pester Seite, wo es keine Bäder gab, in der Nähe des Flusses niederließ. 1868 begann der Ingenieur Vilmos Zsigmondy mit Bohrungen im Stadtwäldchen und wurde schließlich auch dort fündig. Der 970 m tiefe Brunnen, der das Thermalbad speist, gibt 350–400 l heißes Wasser (74 °C) pro Minute ab. Das erste Badehaus mit 20 Becken öffnete 1881 seine Pforten. Die heutige Anlage entstand nach Plänen von Győző Czigler.

Schachzüge: Im Széchenyi-Thermalbad treffen sich Schachspieler zu jeder Jahreszeit

Elefanten und Bären nehmen Besucher des Budapester Zoos am Eingang in Empfang

Der symmetrische, um die mittlere Kuppelhalle gegliederte Bau, dessen Seitenflügel die medizinischen Bäder aufnahmen, wurde 1927 erweitert und an der Nordseite mit einer neobarocken *Eingangshalle* versehen. Damals wurden auch die *Freibecken* eingerichtet. Ältere Herren spielen, im warmen Wasser sitzend, stundenlang Schach. Auch im Winter sind die Freibecken geöffnet, dann ist das dampfende warme Wasser besonders einladend. 1999/2000 wurde das Széchenyi-Bad umfassend restauriert.

86 Zoo
Állatkert

Wilde Tiere im Stadtwäldchen.

Állatkerti körút 6–12
Tel. 1/273 49 00
www.zoobudapest.com
Mai–Aug. Mo–Do 9–18.30, Fr–So 9–19, April/Sept. Mo–Do 9–17.30, Fr–So 9–18, März/Okt. Mo–Do 9–7, Fr–So 9–17.30, Nov.–Febr. tgl. 9–16 Uhr
M 1 bis Széchenyi fürdő;
Bus 4, 20, 30, 72, 75, 79

Am 9. August 1866 wurde der erste Zoo in Budapest mit 598 Tieren eröffnet. Nach dem Vorbild von Zooanlagen in anderen großen europäischen Städten und entsprechend den naturwissenschaftlichen Forschungstendenzen der Zeit versuchte man, möglichst **naturgetreue Lebensbedingungen** für die Tiere zu schaffen. 1905 ging der Zoo, bis dahin in Form einer Aktiengesellschaft geführt, in hauptstädtische Verwaltung über. 4 Mio. Kronen stellte diese für einen neuen Tierpark zur Verfügung. Damals entstanden die zwei *steinernen Elefanten*, die den Haupteingang bis heute rahmen.

Die Architekten vertraten jene junge Generation, die die Neuerungsbestrebungen der europäischen Architektur an der Wende zum 20. Jh. fortsetzen wollten. Stilistisch standen der Deutsche Werkbund und der Wiener Jugendstil Pate. Von den einst elf **Tierhäusern** sind heute nur noch sieben erhalten. Die Gehege der Bergtiere wurden schon damals mit künstlichen Felsen eingefasst, im rekonstruierten *Vogelhaus* von Károly Kós können die Besucher frei fliegende Vögel beobachten. Das *Elefantenhaus* von Kornél Neuschloss ähnelte einst stark einer Moschee und wurde aufgrund von Protesten der islamischen Gemeinde umgebaut.

Obwohl das Gelände sich eigentlich längst als zu klein erwiesen hat, werden bis heute gute Zuchterfolge verzeichnet. Die Thermalquelle des Széchenyi-Bades z. B. kommt der Nilpferdzucht zugute.

Im *Palmenhaus*, ein prächtiges Glaspalais, das wie die Mehrzahl der Tierhäuser seit 1996/97 restauriert und erweitert wurde, sind zahlreiche tropische Pflanzenarten zu sehen. In weiteren Flügeln befinden sich *Aquarium*, *Terrarium* und *Vivarium*. Die großen Krokodile tummeln sich in einem gesonderten Saal. Das *Höhlenkino* (Barlang mozi) zeigt nonstop populärwissenschaftliche Filme.

87 Verkehrsmuseum
Közlekedési Múzeum

TOP TIPP *Exponate von der Modelleisenbahn bis zum Donau-Dampfschiff.*

Városligeti körút 11
Jan.–April Di–Fr 10–16,
Mai–Sept. Di–Fr 10–17, Sa/So 10–18,
Okt.–Dez. Sa/So 10–17 Uhr
M 1 bis Széchenyi fürdő

Zum Millenniumsfest 1896 zeigte man eine Ausstellung zum **Verkehrswesen**, deren Exponate den Grundstock für das 1899 gegründete Verkehrsmuseum bildeten. Der Bau erlitt während des Zweiten Weltkriegs schwere Schäden und konnte erst 1966 wieder für die Öffentlichkeit freigegeben werden, 1987 wurde er erweitert.

Auf einer Ausstellungsfläche von 5000 m² wird die Entwicklung des Verkehrs in Ungarn vielfältig dokumentiert. Modelle und historische Objekte aus den ungarischen Eisenbahnwerken wie Getriebe oder Stellwerkseinrichtungen stellen das **Eisenbahnwesens** dar. Aus dem Bereich **Straßenverkehr** sind originale Autos und Motorräder sowie verschiedene städtische Verkehrsmittel, z. T. mit didaktischen Funktionsdarstellungen ausgestellt. Weitere Bereiche sind dem **Schiffsverkehr** (Transport, Donau-Dampfschiffe, Werftmodelle) dem **Straßenbau** sowie archäologischen Funden der **Feldmessung** gewidmet.

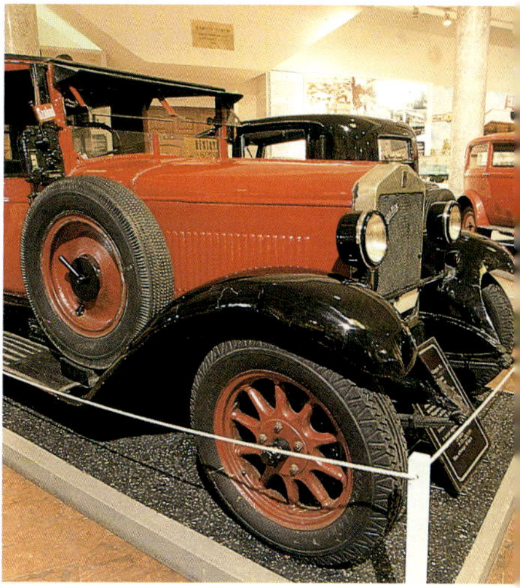

Prachtexemplar: Das Verkehrsmuseum wartet mit sehenswerten Oldtimern auf

88 Geologisches Institut
Geológiai intézet

TOP TIPP *Jugendstilbau mit blauem Keramikschmuck.*

Stefánia út 14
M 1 bis Hősök tere, von dort
Bus 75, 79

Unmittelbar nach Vollendung des Kunsthandwerk-Museums (1896) errichtete Ödön Lechner noch mehrere Gebäude, die sein Bemühen um eine ›nationale‹ ungarische Variante des **Jugendstils** widerspiegeln. Von seinen Bauten ist dies der am besten erhaltene, alle seine typischen Dekor- und Gestaltungselemente sind voll ausgeprägt. Ganz besonders gilt das für die *Dacheindeckung* aus farbigen Zsolnay-Ziegeln, aber auch für die farbige Hervorhebung der *Tragelemente* und die charakteristische *Fassadengestaltung*. Darin sind noch die Einflüsse der Berliner Jahre zu spüren. Vor allem die funktionale Bauweise der dortigen Industriebauten hatte den Architekten beeindruckt.

In derselben Straße, nicht weit entfernt, befindet sich das 1953 errichtete Népstadion, die größte Sportstätte Ungarns, die jetzt als **Puskás Ferenc Stadion** den Namen der ungarischen Fußball-Legende Ferenc Puskás trägt. Nahebei liegt auch die nach dem Großbrand von 1999 wieder errichtete moderne **Budapest Sportarena**, in der große Sport- und Musikveranstaltungen ausgerichtet werden.

89 Jüdischer Friedhof
Zsidó Temető

TOP TIPP *Detailfreudige Jugendstilmonumente unter alten Bäumen*

Kozma utca 6, Rákoskeresztúr
Tel. 1/262 46 87
M 2 bis Örs vezér tere,
von dort Bus 61, 168

Im Laufe des 19. Jh. wirkte sich das Erstarken des liberalen Judentums auch in der Beerdigungsliturgie aus, was dazu führte, dass getrennte orthodoxe und neologe Friedhöfe entstanden. Eine noch intakte, stimmungsvolle Anlage ist der Jüdische Friedhof am Rande Budapests, etwa 10 km vom Zentrum entfernt. Uralte Bäume beschatten die Wege, die an teils aufwendig gestalteten Grabstellen aus der Zeit des Jugendstils vorbei führen.

Ein prägnantes Beispiel für den Liberalisierungsprozess im Judentum ist das **Schmidl-Mausoleum** (1902/03), ein Werk der Architekten *Ödön Lechner* und *Béla Leitersdorfer* (1875–1920), der später unter dem Namen Lajta bekannt wurde. In Ödön Lechners Schaffen ist dieses Grabmonument für die Familie Schmidl die dritte Gemeinschaftsarbeit mit seinem jungen Kollegen.

Ungarischer Jugendstil – das Mausoleum der Familie Schmidl auf dem Jüdischen Friedhof

Den Auftrag für das Mausoleum nahmen die beiden Architekten zum Anlass, ein **Gesamtkunstwerk** zu schaffen, ganz im Geist der Zeit um 1900, wenn auch in bescheidenen Dimensionen. Die Formen des ungarischen Jugendstils entfalten sich in ihrer ganzen Fülle. Blaugrün schimmernde Fliesen überziehen die Außenmauern in üppigen Blumenmustern. Auch das *Mosaik* eines Lebensbaumes im Inneren zeugt von Lechners Freude am kunstvollen Ornament. Die Verwendung von Majolikafliesen und Keramikelementen, Gussglas und Schmiedeeisen entspricht dieser formalen Vielfalt.

Für Lajta wurde die Gestaltung von **Mausoleen** und **Grabsteinen** zu einer wichtigen Gattung seines Schaffens. Allein etwa 20 seiner Werke befinden sich auf diesem Friedhof, darunter in unmittelbarer Nachbarschaft der Schmidl-Grabstätte das *Mausoleum der Familie Gries* sowie der *Grabstein Sándor Epsteins* von 1906. Selbst an diesen bescheideneren Beispielen wird der stilistische Wandel Lajtas nach 1904 deutlich. Er schlägt einen selbstständigen Weg ein, indem er seine Ornamentik aus der Volkskunst schöpft und sich deutlich von Lechners Vorliebe für orientalische Elemente löst.

Óbuda – die Ursprünge Budapests

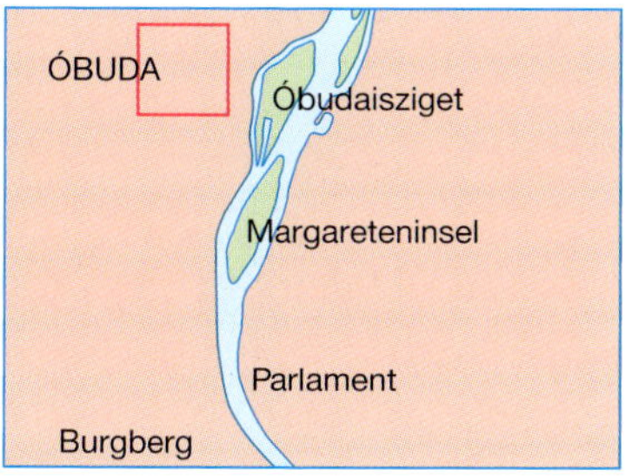

Von den drei 1872 zu Budapest vereinigten Städten ist Óbuda (Altofen) die älteste. Lange vor den Ungarn ließen sich hier Römer nieder und ernannten die Siedlung **Aquincum** zur Hauptstadt ihrer Provinz Pannonia Inferior. Das am besten erhaltene Bauwerk dieser Zeit ist das **Römische Militärbad**. Im 18. Jh. siedelten sich in Óbuda, dem Stammsitz der Grafenfamilie Zichy, jüdische und donau-schwäbische Einwanderer an. An einigen Stellen schimmert das von Plattenbauten der Nachkriegszeit weitgehend zerstörte kleinbürgerliche Milieu noch durch. Óbuda besitzt eine lebendige Kulturszene mit Ausstellungen und Straßentheater.

90 Kiscelli-Museum
Kiscelli Múzeum

Anschauliche Stadtgeschichte in einer Dependance des Historischen Museums.

Kiscelli utca 108
Tel. 1/250 03 04
www.btm.hu
April – Okt. Di – So 10 – 18,
sonst Di – So 10 – 16 Uhr
Straßenbahn 17, Bus 60 bis Margit Korhaz (Krankenhaus)

1724 ließ die gräfliche *Familie Zichy* den Grundstein für eine Kapelle am Hang des ›Einsiedler-Weinbergs‹ legen. Nach dem Vorbild von Mariazell in der Steiermark sollte ein **Wallfahrtsort** entstehen, daher der Name Kiscell (Kleinzell). Zur Weihe am 8. September 1733 (Mariä Geburt) wurde eine Kopie der Marienfigur von Mariazell aufgestellt. 1744–48 stiftete die Familie Zichy neben der Kapelle ein *Trinitarier-Kloster* mit einschiffiger Kirche (Weihe 1760) nach Entwürfen des Wiener Baumeisters Johann Entzenhoffer. Doch bereits 1783 ließ Kaiser Joseph II. den Trinitarier-Orden auflösen, wissenschaftliche *Bibliothek* und *Mineraliensammlung* des Klosters gingen in den Besitz der Universität über.

1912 kaufte der Wiener Möbelfabrikant Maximilian Schmidt das Gebäude, in den Räumen richtete der begeisterte Kunstsammler Mustersäle für von ihm restaurierten Möbel ein. Nach seinem Tod 1935 ging das Gebäude in städtische Verwaltung über. Der stadtgeschichtliche Teil der **Sammlung Schmidt** bildete den Großteil des heutigen Bestands der **Hauptstädtischen Gemäldegalerie**. Anhand von *Gemälden* und *Stichen*, Kunsthandwerk, *Architekturplänen* und Industrieerzeugnissen kann man hier die Budapester Lebensweise des 18. und 19. Jh. kennen lernen. Eine komplette *Apotheke*, *Zunftschilder*, *Waffen* und eine Ausstellung zu *Presse und Zeitungswesen* runden das Bild ab. Die Gemäldegalerie im 1. Obergeschoss präsentiert Werke der ungarischen Malerei des 20. Jh. und organisiert Ausstellungen zur internationalen Gegenwartskunst.

Der gusseiserne *Drachen* vor dem Tor, ein Brückenkopf aus der Zeit des Millenniumsfestes, stammt aus dem Stadtwäldchen. Die benachbarte *Kirche* wird für Ausstellungen und Konzerte genutzt, ebenso der schöne Innenhof.

91 Ehem. Synagoge von Óbuda
Egykori óbudai zsinagóga

Gotteshaus der einstigen großen Judengemeinde von Óbuda.

Lajos utca 163
Vorortbahn HÉV ab Batthyány tér bis Tímár utca; Straßenbahn 1;
Bus 6, 60, 86

1727 erteilte die Adelsfamilie Zichy jüdischen Einwanderern das *Zuzugsrecht* nach Óbuda. Durch die Zuwanderer entstanden Handwerksbetriebe, die auf die

Hier hat heute das Ungarische Fernsehen Einzug gehalten – die ehem. Synagoge

Entwicklung der einheimischen Wirtschaft wesentlichen Einfluss nahmen. 1737 zählte man in diesem Stadtteil 24 jüdische Familien, und bereits damals gab es eine Synagoge.

Zu Beginn des 19. Jh. wurde aufgrund des starken Zuwachses der jüdischen Bevölkerung eine größere Synagoge notwendig. 1817 erteilte die Budapester ›Baucommissio‹ die Genehmigung zur Errichtung eines neuen Gotteshauses. András Landherr gestaltete den großen Bau 1820–25 im Geiste des Klassizismus. Der offene *Portikus* mit dem Giebelfeld, getragen von sechs korinthischen Säulen, weist noch auf die Schönheit dieses Bauwerks. Von der Innenausstattung ist nichts erhalten, heute befindet sich hier ein Studio des Ungarischen Fernsehens. Die Jüdische Kultusgemeinde verhandelt über einen Rückkauf, um Pläne für eine Festivalstätte zu verwirklichen.

92 Amphitheater
Amfiteátrum

Römische Spielkampfstätte mit sagenumwobener Geschichte.

Nagyszombat utca,
Ecke Pacsirtamező utca
Bus 6, 60, 86

Die Anlage gab in den vergangenen Jahrhunderten zu vielfältigen Vermutungen Anlass. *Anonymus* [s. S. 102], der königliche Schreiber, berichtet in seiner Chronik, dass hier der Heerführer Árpád Rast einlegte und staunend die Reste einer Burg betrachtete, die seiner Meinung

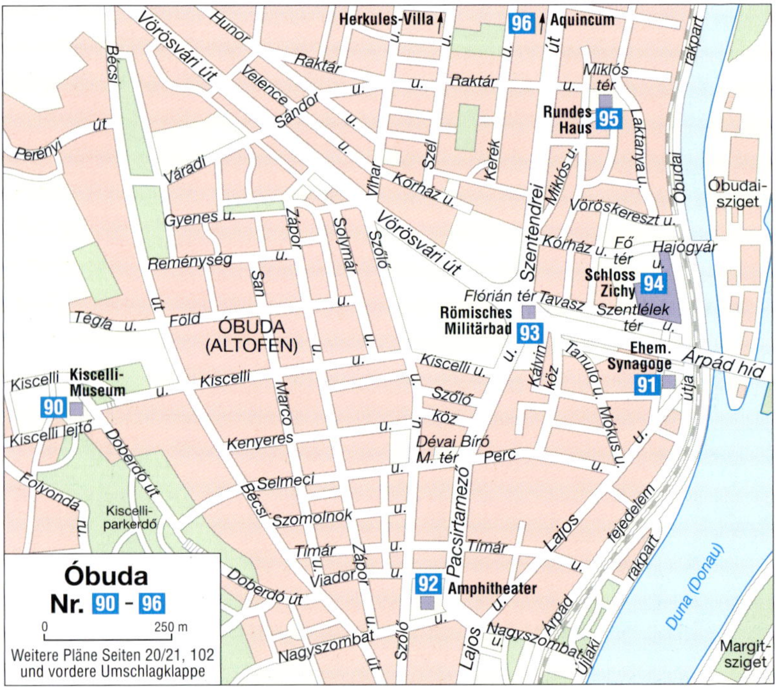

Die Anfänge Budapester Badekultur – die teilweise überdachten Ausgrabungen des römischen Militärbades

nach der Bruder und Mitregent des Hunnenkönigs Attila, Bleda, gebaut haben musste. Dieser Irrtum hielt sich bis ins 20. Jh., als Ausgrabungen die Entstehung des Baus in der *Römerzeit* bestätigten.

Das Amphitheater datiert vermutlich aus der Regierungszeit des Kaisers Antonius Pius (138–161 n. Chr.) und diente mit Gladiatorenkämpfen und Tierhatzen der Unterhaltung der hier stationierten Legionäre. Seine Länge misst 131 m, die Breite 107 m, die innere Mauer der Arena zum Schutz der Zuschauer war vermutlich 4 m hoch. Die **Tribünen** des bis zum Ende des Kaiserreichs genutzten Amphitheaters boten etwa 12 000 Personen Platz. 1932 riss man die darüber errichteten Häuser ab und legte die Anlage frei.

93 Römisches Militärbad
Római Katonai fürdő

Das römische Bad steht am Anfang der bedeutenden Budapester Bäder.

Flórián tér 3–4
Tel. 1/250 16 50
www.aquincum.hu
Vorortbahn HÉV ab Batthyány tér bis Árpád híd; Straßenbahn 1; Bus 6, 34, 42, 86, 106

1778 entdeckte István Schönwiesner, der ›Vater der ungarischen Archäologie‹, die Reste einer ausgedehnten römischen Fußbodenheizung. Sie gehörte zu der 120 × 140 m großen Badeanlage der *Thermae Maiores*, die aus Heiß-, Warm- und Kaltbecken (Caldarium, Tepidarium und Frigidarium) bestand. Das Bad war von einer Säulenhalle überdacht, daneben gab es *Freibecken*. Mosaike, Springbrunnen und Skulpturen zierten das Bad. Es ist vermutlich Ende des 1. Jh. gebaut und noch im 4. Jh. benutzt worden. Den Ausgrabungen zugeordnet ist ein kleines **Badmuseum** (Mai – Aug. Di – So 10 – 18, sonst Di – So 10 – 16 Uhr) mit Exponaten zur Bäderkunde und Medizin der Römer.

Um den Flórián tér befand sich einst die römische Militärstadt. Unter dem heutigen Einkaufszentrum erstreckte sich das *Prinzipia*, das wichtigste Gebäude des Lagers, von dem Reste erhalten sind. Herausragend ist die sog. **Herkules-Villa** (Mai – Sept. Di – So 10 – 18, Okt./2. Aprilhälfte Di – So 10 – 17 Uhr) in der nahen Meggyfa utca 21 dar. Vermutlich diente sie einem reichen Römer des 3. Jh. als Domizil. Besonders interessant sind hier die prachtvollen *Mosaike* mit Szenen der Herkules-Taten und der Dionysos-Sage.

94 Schloss Zichy
Zichy-Kastély

Einst Mittelpunkt der Herrschaft Óbuda, heute Sitz zweier Museen der Moderne.

Fő tér 3
Vorortbahn HÉV ab Batthyány tér bis Árpád híd; Bus 18, 34, 37, 42, 137

Das Schloss der Grafen Zichy, denen ganz Óbuda gehörte, wurde 1746–57 nach Plänen von Henrik János Jäger ausgeführt.

Op-Art von Victor Vasarely – Vasarely-Museum im Schloss Zichy

Die schlichte Anlage ordnet Repräsentationswillen den funktionellen Ansprüchen unter. Der *Wohnbau*, ein bescheidenes Barockgebäude ohne jeglichen Prunk, befindet sich im ummauerten Hof, der zugleich als Wirtschaftsbereich und Wehranlage diente.

In den ehem. Repräsentationsflügel zog 1976 das **Lajos-Kassák-Gedächtnismuseum** (Tel. 1/368 70 21, Di – So 10 – 18 Uhr) ein. Lajos Kassák (1887–1967), der Theoretiker und Künstler der ungarischen Avantgarde, lebte von 1954 bis zu seinem Tod in Óbuda. Im Museum sind Werke und Dokumente zu seinem Leben und Schaffen ausgestellt. Vor allem der Künstlerkreis um die Zeitschrift ›Der Sturm‹, der russische Konstruktivismus und das Bauhaus übten auf ihn großen Einfluss aus. Er war ein Hauptvertreter des ungarischen Konstruktivismus der 20er-Jahre des 20. Jh. Revolte, Anarchie und utopische Ideen von einer besseren Gesellschaft waren seine Triebkräfte.

Im Südflügel des Schlosses befindet sich das **Vasarely-Museum** (15. März – Okt. Di – So 10 – 18, sonst Di – So 10 – 17 Uhr) mit Werken des seit 1930 in Frankreich ansässigen ungarischen Künstlers der Op-Art, Victor Vasarely (1908–1997). Seine optisch-kinetische Kunst, die er seit Mitte der 50er-Jahre entwickelte, wurde für die junge Künstlergeneration der 60er- Jahre des 20. Jh. stilbildend.

95 Rundes Haus
Kerek ház

Ein Industriedenkmal mit ungewöhnlichem Grundriss.

Miklós tér 1
Vorortbahn HÉV ab Batthyány tér bis Árpád híd; Bus 18, 34, 37, 42, 137

Das Haus im Zopfstil ist eine kulturhistorische Besonderheit und ein Industriedenkmal. József Tallherr errichtete das Gebäude 1785 auf einem für eine *Seidenspinnerei* außergewöhnlichen Grundriss – eine Ovalanlage mit doppelläufiger Freitreppe. Von der ursprünglichen Einrichtung ist nichts erhalten, denn bereits im frühen 19. Jh. wurde die Manufaktur in ein Wohnhaus umgewandelt. Seit Anfang der 80er-Jahre des 20. Jh. befindet sich hier ein *Institut für Umweltforschung*.

Imre Varga lässt seine Bronzefiguren am Fő tér im wahrsten Sinne des Wortes im Regen stehen: Oben aus den Schirmen fließt Wasser

Erste Siedlungsspuren: Das römische Aquincum entstand kurz nach Christi Geburt auf dem Gebiet des heutigen Óbuda

96 Aquincum

Auf den Spuren der römischen Bürgerstadt.

Szentendrei út 139
Tel. 1/250 16 50
www.aquincum.hu
Mai – Sept. Di – So 9 – 18,
Okt./2. Aprilhälfte Di – So 9 – 17 Uhr
Vorortbahn HÉV ab Batthyány tér,
Bus 34, 42, 106 ab Szentlétek tér

Die **erste Stadt** auf dem Territorium des heutigen Budapest war die römische Siedlung Aquincum. Einige Jahre nach Christi Geburt richteten die Römer auf dem Gebiet des heutigen Stadtteils Óbuda ein *Militärlager* ein, in dessen Umgebung schon recht bald eine *Bürgersiedlung* entstand. Diese erlebte nach dem Ausbau der Bernsteinstraße von der Ostsee bis Rom im 2. und 3. Jh. ihre **Blütezeit**. Unter Kaiser Hadrian erhielt sie im Jahr 124 den Rang eines Municipiums, 194 unter Septimus Severus die Rechte einer Colonia. Bis zu ihrem Niedergang im 4. Jh. war Aquincum die Hauptstadt der römischen Provinz Pannonia Inferior.

Die im 19. Jh. begonnenen **Ausgrabungen** der Zivilstadt brachten Bemerkenswertes zutage. Das Wohngebiet (Gesamtfläche 400 × 600 m) reichte im Norden bis zum Militärbad, im Süden bis zum heutigen Kolossy tér. Es gab Wasserleitungen, eine gut ausgebaute Kanalisation und Heizungen. Darüber hinaus standen den Einwohnern öffentliche Bäder, eine Markthalle und ein – im Vergleich zur Militärstadt allerdings wesentlich kleineres – Amphitheater zur Verfügung.

Im **Aquincum Museum** (Mai – Sept. Di – So 10 – 18, Okt./2. Aprilhälfte Di – So 10 – 17 Uhr), 1894 mit klassizistischer Front inmitten des Ruinenfeldes eingerichtet, sind die Funde von Aquincum untergebracht; Grabsteine und Statuen präsentieren sich in der *Säulenhalle*. Innen finden sich Gemmen, Münzen, Schmuck und Schreibwerkzeuge für Wachstafeln und Pergamentrollen. Von einem einheimischen Töpfermeister aus dem 2. Jh. namens *Patacus* sind auch einige Negativformen für Gefäße erhalten.

Die Altarplatten, die im *Lapidarium* neben dem Museum ausgestellt sind, zeigen, dass neben dem offiziellen Jupiter-Kult eine vielfältige, dem ansässigen Völkergemisch entsprechende Götterverehrung ausgeübt wurde. Zu Anfang des 3. Jh. gelangten mit den römischen Legionen viele Einwanderer nach Aquincum. In der Kunst mischten sich italische Merkmale mit östlichen Einflüssen. Zu den Raritäten zählt die kleine *Orgel*, die man in den Räumen der antiken Feuerwehr, im *Collegium Centonarium*, entdeckte. Es gilt bislang als das einzige antike Instrument seiner Art. Die ausgereifte Form der Steinmetzkunst wiederum ist an *Skulpturen* ablesbar, die für die Heiligtümer hergestellt wurden. Zu den Exponaten gehören die Jupiterskulptur an der Votivsäule vor dem Museum und reiche Bestände an Kleinplastiken aus Bronze und Terrakotta.

MAHART

Budapest aktuell A bis Z

Vor Reiseantritt

ADAC Info-Service:
Tel. 018 05/10 11 12, Fax 018 05/30 29 28 (0,12 €/Min.)

ADAC im Internet:
www.adac.de
www.adac.de/reisefuehrer

Budapest im Internet:
www.budapestinfo.hu

Informationen erteilt das **Ungarische Tourismusamt tourinform,** Tel. 008 00 36 00 00 00 (zentrale Informationsnummer für Europa für Prospektbestellung, Broschüren ...), Tel. 00 36/30 30 30 600 (in Ungarn)

Deutschland
Regionalbüro Nord/Ost, Neue Promenade 5, 10178 Berlin, Fax 030/24 31 46 13, ungarn.info.berlin@t-online.de, www.ungarn-tourismus.de

Regionalbüro Mitte/West, Lyoner Str. 44–48, 60528 Frankfurt/M., Fax 069/92 88 46 13, ungarn.info.frankfurt@t-online.de

Österreich
Regionaldirektion Österreich, Opernring 5/II., 1010 Wien, Tel. 09 00 22 00 13 (0,61 €/Min.), Fax 01/585 20 12 21, www.ungarn-tourismus.at

Schweiz
Regionalbüro Schweiz, Oberrütelistr. 13, 8753 Mollis, info@ungarn-tourismus.ch, www.ungarn-tourismus.ch

Budapest Kártya
Die Budapest Karte (gültig für 48 oder 72 Std. für 1 Erw. und 1 Kind bis max. 14 Jahre, mit ausführlicher Info-Broschüre) kann man vor der Reise in manchen Reisebüros und vor Ort am Flughafen, in Metro-Stationen, Tourismusbüros, Hotels etc. kaufen. Sie bietet freie Fahrt mit den öffentlichen Verkehrsmitteln, kostenlosen oder vergüngstigten Eintritt in rund 60 Museen und zahlreichen weiteren Sehenswürdigkeiten sowie Ermäßigungen bei Stadtrundfahrten, Restaurants, Heilbädern, Kultur- und Sport-Veranstaltungen, Autovermietungen etc.

Allgemeine Informationen

Reisedokumente

Bei einem Aufenthalt von bis zu 90 Tagen genügt für Reisende aus Deutschland und Österreich der *Personalausweis*, Reisende aus der Schweiz benötigen ihren *Reisepass*. Kinder bis 16 Jahre: eigener Kinderausweis mit Lichtbild oder Eintrag im Reisepass der Eltern. Alle Dokumente müssen noch mindestens sechs Monaten gültig sein.

Kfz-Papiere

Führerschein und Fahrzeugschein. Die Mitnahme der Internationalen Grünen Versicherungskarte wird empfohlen.

◁ *Touristische Anziehungspunkte: Café New York (vor der Renovierung), Antiquitäten auf dem Ecseri-Flohmarkt, mit dem Ausflugsdampfer auf der Donau, Paprika in der Großen Markthalle, Shopping in der Váci utca*

Krankenversicherung

Vor Reiseantritt erhalten gesetzlich Versicherte bei ihrer Krankenkasse die scheckkartengroße *Europäische Krankenversicherungskarte*, die eine eventuell notwendige ärztliche Behandlung und Versorgung garantiert. Sicherheitshalber empfiehlt sich zusätzlich eine private *Auslandskranken- und Rückholversicherung*.

Empfohlen wird Impfschutz gegen Diphterie, Tetanus, Polio sowie FSME.

Hund und Katze

Für Hunde und Katzen ist bei Reisen innerhalb der EU ein gültiger, vom Tierarzt ausgestellter *EU Heimtierausweis* vorgeschrieben, ebenso Kennzeichnung durch Mikrochip oder Tätowierung. Bis zum Jahr 2011 gelten Übergangsregelungen.

Für Hunde sind *Maulkorb* und *Leine* mitzuführen. Die Einfuhr von *Kampfhunden* ist verboten.

Zollbestimmungen

Im privaten Reiseverkehr innerhalb der EU dürfen Waren zum eigenen Verbrauch unbegrenzt mitgeführt werden. Bei Ausfuhr aus Ungarn gelten bis zum 31. Dezember 2008 folgende *Sonderregelungen*: nach Deutschland pro erwachsenem EU-Bürger max. 200 Zigaretten; nach Österreich (direkt) pro Person mit Wohnsitz in Österreich max. 25 Zigaretten.

Museale und kulturelle Gegenstände sowie Antiquitäten unterliegen strengen Ausfuhrbestimmungen. Auskunft erteilt das *Zollinformationsbüro*, XIV., Hungária körút 112–114, Budapest, Tel. 1/470 41 19, vam.info@ vpop.hu

Geld

Gesetzliches Zahlungsmittel ist der *Forint* (Ft oder HUF) zu 100 *Fillér*. Der Forint ist in vollem Umfang konvertierbar, daher bestehen keine Einschränkungen bei der Ein- oder Ausfuhr von Zahlungsmitteln.

In Budapest bieten zahlreiche *Banken* und *Wechselstuben* an, Bargeld zu wechseln. Man sollte sich vorher nach eventuell anfallender Kommission erkundigen und auch genau auf den Kurs achten, der mitunter nur für Beträge in bestimmter Höhe angegeben ist.

Die gängigen *Kreditkarten* werden in Banken, größeren Hotels und Geschäften sowie an den meisten Tankstellen akzeptiert. Mit der *ec-Maestro-Card* kann man an *EC-Geldautomaten* rund um die Uhr Landeswährung abheben.

Tourismusämter in Budapest

Ungarisches Tourismusamt tourinform, Budapest, Tel. 1/438 80 80 (zentral), Hotline, Tel. 80 63 08 00 (Inland, gebührenfrei), www.tourinform.hu

Hauptbüro, V., Vörösmarty tér/Vigadó utca 6, Tel. 1/438 80 80 (rund um die Uhr), Fax 1/488 86 61

Weitere Büros: I., Szentháromság tér (Burghügel Buda) – V., Sütő utca 2 – VI, Liszt ferenc tér 9–11 – XIII., Westbahnhof – Flughafen 2/A Terminal (Arrival)

Notrufnummern

Polizei (Rendőrség): Tel. 107, mobil 112

Rettung (Mentők): Tel. 104, mobil 112

Feuerwehr (Tüzoltók): Tel. 105

Pannenhilfe des MAK: Tel. 118, mobil 06/1/13 45 17 44

ADAC-Notrufstation Budapest: Tel. 06/1/3 45 17 17 (deutschsprachig)

ADAC-Notrufzentrale München: Tel. (00 49) 89/22 22 22 (0–24 Uhr)

ADAC-Ambulanzdienst München: Tel. (00 49) 89/76 76 76 (0–24 Uhr)

ADAC-Partnerclub: Magyar Autóklub (MAK), Rómer Flóris utca 4/a, 1024 Budapest, Tel. 1/345 18 00, Fax 1/345 18 01, autoklub@euroweb.hu. Kostenloser Service für ADACPlus Mitglieder bei Vorlage des Servicescheckhefts.

Österreichischer Automobil Motorrad und Touring Club
ÖAMTC Schutzbrief-Nothilfe: Tel. 00 43/(0)1/2 51 20 00

Touring Club Schweiz
TCS Zentrale Hilfsstelle: Tel. 00 41/(0)2 24 17 22 20

Ärztliche Versorgung

Falck SOS Hungary (24-Std.-Notdienst), II., Kapy utca 49/B, Tel. 1/200 01 00

Unfallklinik, VIII., Fiumei út 17, Tel. 1/333 75 99

Deutsche Klinik, in den American Clinics International, I., Hattyú utca, Service in deutscher Sprache: Tel. 1/224 90 93

Zahnärztlicher Notdienst, VIII., Mária utca 52, Tel. 1/210 02 75

SOS Dental Service, VI., Király utca 14, Tel. 1/267 96 02

Apotheken

Mit Tag- und Nachtbereitschaft:
I., Széna tér 1, Tel. 1/202 15 82
II., Frankel Leó út 22, Tel. 1/212 44 06
III., Szentendrei út 2/A, Tel. 1/388 65 28
IV., Pozsonyi utca 19, Tel. 1/379 30 08
VII., Rákóczi út 86, Tel. 1/322 96 13

Fundbüro

Zentrales Fundbüro, VII., Akácfa utca 18, Tel. 1/322 66 13

Diplomatische Vertretungen

Botschaft der Bundesrepublik Deutschland (Német Nagykövetségen), I., Úri utca 64–66, 1014 Budapest, Tel. 1/488 35 00, Fax 1/488 35 05, www.deutschebotschaft-budapest.hu

Österreichische Botschaft (Osztrák Nagykövetség), VI., Benczúr utca 16, 1068 Budapest, Tel. 1/479 70 10, Fax 1/352 87 95, www.austrian-embassy.hu

Schweizerische Botschaft (Svájci Nagykövetség), XIV., Stefánia út 107, 1143 Budapest, Tel. 1/460 70 40, Fax 1/343 94 92, www.eda.admin.ch/budapest

Besondere Verkehrsbestimmungen

Tempolimits (in km/h): Innerorts gilt für alle motorisierten Verkehrsteilnehmer max. 50. Pkw, Wohnmobile bis 2,5 t und Motorräder außerorts 90, auf Schnellstraßen 110, auf Autobahnen 130. Gespanne und Wohnmobile über 2,5 t außerorts und auf Schnellstraßen 70, auf Autobahnen 80.

Vor *Bahnübergängen* gilt innerorts ein Tempolimit von 30 km/h und außerorts ein Tempolimit von 40 km/h. Bahnübergänge müssen mit mindestens 5 km/h überquert werden.

Promillegrenze: 0,0.

Außerhalb geschlossener Ortschaften muss auch tagsüber mit *Abblendlicht* gefahren werden.

Überholen in Kurven sowie vor und auf Kreuzungen, Fußgängerüberwegen und Eisenbahnübergängen ist verboten.

Kinder unter 12 Jahren dürfen nicht auf dem Beifahrersitz befördert werden. Wenn sie kleiner als 1,50 m sind, müssen sie in ordnungsgemäß eingebauten *Kindersitzen* untergebracht werden.

Gelbe Fahrbahnmarkierungen am Fahrbahnrand bedeuten *Halteverbot*. In der Innenstadt von Budapest und den meisten Städten stehen an Parkplätzen Parkscheinautomaten. Die *Parkscheine* sind erforderlich Mo–Fr 8–18 Uhr und Sa 8–12 Uhr. An Fahrzeugen ohne gültigen Parkschein werden Wegfahrsperren angebracht, und es wird ein Bußgeld fällig. In Ungarn werden *Verstöße* gegen Halte- und Parkverbote streng geahndet, es ist mit Abschleppen zu rechnen.

Der Transport von *Kraftstoff* in Kanistern ist generell verboten.

Bei *Verkehrskontrollen* müssen auch die Ausweispapiere vorgezeigt werden. Bei *Verkehrsunfällen* mit Personenschaden ist die Benachrichtigung der Polizei Pflicht, auch bei Unfällen mit Sachschaden ist es wegen der Schadenregelung ratsam, die Polizei zu rufen.

Strom

Die Netzspannung beträgt 220 V. Steckdosen sind meist ohne Adapter nutzbar.

Zeitschriften, Zeitungen

In Ungarn erscheinen folgende deutschsprachige Presseerzeugnisse, die auch Veranstaltungstipps für Touristen geben: ›Budapester Zeitung‹ (wöchentlich), ›Der Neue Pester Lloyd‹ mit ›Budapester Rundschau‹ (wöchentlich), ›Programme in Ungarn‹ (deutsch/englisch), ›Budapester Panorama‹ (monatlich).

Zeit

In Ungarn gilt ebenfalls MEZ. Es besteht auch während der Sommerzeit kein Zeitunterschied zu Deutschland.

Anreise

Auto

Umfangreiches **Informations-** und **Kartenmaterial** können Mitglieder des ADAC in Deutschland kostenlos unter Tel. 0 18 05/10 11 12 (0,12 €/Min.) anfordern. Im ADAC Verlag sind außerdem der CityPlan *Budapest* (1:20 000) und die LänderKarte *Ungarn* (1:350 000) erschienen.

Anreise aus Deutschland, Österreich und der Schweiz über die Autobahn M 1 oder M 7. Beide Autobahnen haben einen gemeinsamen, etwa 10 km langen Einführungsabschnitt in die Hauptstadt. Zum Stadtzentrum richte man sich nach der Hinweistafel ›Erzsébet híd‹ (Elisabethbrücke). Für die Autobahn M1 benötigt man *Vignette* und *Magnetkarte*, die nur in Ungarn an Grenzübergängen, Tankstellen, Postämtern und beim Ungarischen Automobilclub MAK erhältlich sind.

In letzter Zeit kam es in Ungarn, speziell in Budapest, vermehrt zu **Autodiebstählen**. Daher sollte man seinen Wagen nach Möglichkeit nur in Parkhäusern und auf bewachten Parkplätzen abstellen.

Bahn

Von mehreren deutschen und Schweizer Großstädten fahren täglich Züge nach Budapest-Keleti pu (Ostbahnhof), meist mit Umsteigen in Wien in einen Schnellzug. Eine Ausnahme ist der EuroNight-Zug, der ab München bis Budapest über Nacht durchfährt.

Fahrplanauskunft

Deutschland
Deutsche Bahn, Tel. 118 61 (gebührenpflichtig), Tel. 08 00/1 50 70 90 (sprachgesteuert), www.bahn.de

Österreich
Österreichische Bundesbahn,
Tel. 05 17 17, www.oebb.at

Schweiz
Schweizerische Bundesbahnen,
Tel. 09 00 30 03 00, www.sbb.ch

Budapest verfügt über drei internationale Bahnhöfe:

Ostbahnhof (Keleti pályaudvar), VIII., Baross tér, Tel. 1/313 68 35

Südbahnhof (Déli pályaudvar), I., Krisztina körút 37, Tel. 1/375 62 93

Westbahnhof (Nyugati pályaudvar), VI., Teréz körút 57, Tel. 1/349 01 15

Zentrale Zugauskunft: Tel. 1/461 54 00

Internationale Zugauskunft:
Tel. 1/461 55 00

Die drei Bahnhöfe sind untereinander und mit dem Stadtzentrum durch die U-Bahn (Metro) verbunden.

Bus

Die Deutsche Touring fährt von einigen deutschen Großstädten nach Budapest.

Der Mischka-Krug

Wer ein **typisches Souvenir** aus der ungarischen Hauptstadt mitbringen will, wird sich vielleicht für den Mischka-Krug entscheiden. Obwohl er auf keine allzu lange Tradition zurückgeht, gehört er zu den beliebtesten ungarischen **Volkskunstgegenständen**. Der erste dieser humoristischen, spielerisch-dekorativen Henkelkrüge in Form eines **dickbäuchigen Husaren** mit Tschako und Zwirbelbart wurde um 1830 in der Theiß-Gegend bei Szeged geformt und hatte bis kurz vor der Jahrhundertwende, als er zwischenzeitlich aus der Mode kam, in Hódmezövásárhely, Debrecen und Mezöcsát viele Nachfolger gefunden. Er diente als **Weinkrug** und festlicher Tafelschmuck. Geschickte Töpfer gaben manchem Krug porträthafte Züge und beschrieben ihn mit Trinksprüchen. In den 30er-Jahren des 20. Jh. wurde diese Tradition von dem Töpfer Sándor Kántor aus dem südostungarischen Ort Karcag neu belebt. Heute wird der Mischka-Krug in erster Linie für den touristischen Markt hergestellt.

Deutsche Touring GmbH, Am Römerhof 17, 60486 Frankfurt/Main,
Tel. 069/79 03 50, Fax 069/790 32 19,
www.deutsche-touring.com

Der Budapester Busbahnhof für den internationalen Linienbusverkehr liegt am Volkswäldchen/Népliget:

Népliget Autóbusz-állómás,
IX., Könyves Kálmán körút 131,
Tel. 1/219 80 80, Auslandsbusverbindungen Tel. 1/219 80 20

Flugzeug

Der Internationale Flughafen **Ferihegy** (BUD, www.bud.hu) liegt etwa 16 km südöstlich des Zentrums von Budapest. Der alte Flughafen Ferihegy T1 wird von Privat- und Sportflugzeugen genutzt. Während Ferihegy Terminal T2A ungarischen MALEV-Flugzeugen vorbehalten bleibt, starten und landen ausländische Fluggesellschaften am Terminal T2B.

Internationale Flugauskunft:
Zentrale, Tel. 1/296 96 96,
Non-stop Information, Tel. 1/296 70 00,
Linienflüge, Tel. 1/296 71 55,
Gepäckreklamation/Airport Lost & Found, Tel. 1/296 59 65

Zwischen Ferihegy 2A/2B und der Innenstadt (Erzsébet tér/Hotel Kempinski) verkehren 5.30–21 Uhr Zubringerbusse, **Airport-/Citybus**, alle 30 Min. Fahrkarten werden im Bus verkauft. Weiterhin besteht ein **Minibus Service** (Sammeltaxi) zwischen Flughafen und verschiedenen Budapester Hotels:

LRI Airport Passenger Service,
Tel. 1/296 85 55. Einen Tag, mindestens aber zwölf Stunden, vor der Abreise aus Budapest bestellen.

Schiff

Anfang April–Anfang November verkehren auf der Donau zwischen Wien und Budapest Tragflächenboote (Fahrzeit 5/6 Std.). Anlegestelle in Budapest nahe der Elisabethbrücke.

Mahart Tours, V., Belgrád rakpart, Internationale Anlegestelle, Tel. 1/484 40 10,
www.mahartpassnave.hu

Bank, Post, Telefon

Bank

Öffnungszeiten: Mo–Do 8–15, Fr 9–13 Uhr

Post

Öffnungszeiten: Mo–Fr 8–18, Sa 8–12/14 Uhr

Spät- und Wochenenddienst: VI., Teréz körút 51–53 (am Westbahnhof), Mo–Sa 7–21, So 8–20 Uhr; VIII., Baross tér 11/C (am Ostbahnhof), Mo–Sa 7–21 Uhr

Telefon

Internationale Vorwahlen:
Ungarn 00 36
Deutschland 00 49
Österreich 00 43
Schweiz 00 41

Vorwahl Budapest: 1 (vom Ausland aus), 061 (innerhalb Ungarns)*

* Für **Ferngespräche innerhalb Ungarns** wählt man zunächst die 06 und nach dem Freizeichen die **Ortsvorwahl** und die Nummer des Teilnehmers.

Öffentliche Telefone funktionieren überwiegend mit Karten. Man erhält sie in Postämern, Kiosken und Tabakläden.

Die Benutzung handelsüblicher **GSM-Mobiltelefone** ist in ganz Ungarn möglich. Man sollte sich jedoch vor Reiseantritt über das günstigste Netz vor Ort informieren und das eigene Mobiltelefon entsprechend programmieren.

Einkaufen

In Ungarn gibt es keine einheitlichen **Ladenöffnungszeiten**. Kaufhäuser und Geschäfte haben Mo–Fr 10–18 und Sa 10–13 Uhr geöffnet, die großen Einkaufszentren meist etwas länger und zudem auch an Sonn- und Feiertagen.

Antiquitäten

Antik Diszkont, V., Falk Miksa utca 22. Die Falk Miksa utca hat sich als eine wichtige Adresse im Kunst- und Antiquitätenhandel etabliert.

Belvárosi Aukciósház, V., Váci utca 36, Tel. 1/267 35 39. Gemälde, Skulpturen, Möbel, Porzellan, Silber, Münzen. Auktion jeden Montag, 17 Uhr.

BÁV (Kommissionswarenhauskette), V., Szent István körút 3; V., Ferenciek tere 12; V., Bécsi utca 1–3; VI., Andrássy út 27. Möbel und Teppiche, Kunstgegenstände und Porzellan.

Kieselbach (Galerie und Auktionshaus), V., Szent István körút 5 , Tel. 1/269 31 48.

Handgefertigte folkloristische Kleidungsstücke im Burgviertel

Hochwertige ungarische und internationale Malerei der Klassischen Moderne.

Polgár, V., Kossuth Lajos utca 3, V., Váci utca 11/B, Tel. 1/318 69 54. Auktionen, Gemälde, Bronzeplastik, Möbel, Teppiche.

Folklore

Zahlreiche Folklore- und Souvenirläden in der Innenstadt halten eine große Auswahl an typischen Andenken bereit: bestickte Tischdecken und Kleidung, Halas-Spitzen, Habaner Fayencen, Mischka-Krüge, Geschnitztes und Geflochtenes.

Folkart Kaufhaus, V., Régiposta utca 12. Breites Angebot an Volkskunst.

Tangó, V., Párizsi utca 1 (im Hof). Altungarische Bocskai-Trachten (original oder neu gearbeitet), Volkskunst.

Herender Porzellan

Die einheimische Porzellanherstellung begann um 1830. Am erfolgreichsten entwickelte sich die 1839 von Moricz Fischer in Herend gegründete Porzellanmanufaktur, deren zierlichen Gefäße auch heute noch ausschließlich von Hand herstellt und bemalt werden. Weitere berühmte Markenporzellane sind Zsolnay-Porzellan und Porzellan aus Hollóháza.

Amfora Studio, V., Kossuth Lajos utca 4. Auch Bleikristall aus Ajka erhältlich.

Haas & Czyzek GmbH, VI., Bajcsy Zsilinszky utca 23

TOP TIPP **Herend**, I., Szentháromság utca 5; V., Kigyó utca 5, Tel. 1/318 34 39. Fachgeschäft der Porzellanmanufaktur von Weltruf. Im 19. Jh. stand Herend in dem Ruf, bekannte Geschirrmuster aus Meißen oder Sevre perfekt zu kopieren. 1851 bestellte die englische Königin ein Service bei Herend: ›Queen Victoria‹ wird heute noch angefertigt.

Herender Majolika, II., Bem rakpart 37. Preiswerte und formschöne Fayencen.

Zsolnay Márkabolt, V., Kígyó utca 4

Flohmärkte

TOP TIPP **Ecseri-Flohmarkt**, XIX., Nagykőrösi út 156, Mo–Fr 8–16, Sa 8–15 Uhr. Größter Flohmarkt Ungarns. Kaum etwas, das es hier nicht gibt. Am Samstag ist das Angebot an Kuriosem groß, ebenso die Chance, zwischen Ramsch echte Volkskunst zu entdecken, denn dann kommen auch zahlreiche fliegende Händler aus dem ganzen Land.

Jugendzentrum Petőfi-(Csarnok-)Halle, XIV., Zichy Mihály utca 14, Sa/So 9–14 Uhr

Stadtwäldchen/Városliget, Freilichtbühne, Sa/So (geringer Eintritt)

Verseny utca (neben dem Ostbahnhof/ Keleti Pályaudvar), tgl. 6 – ca. 16 Uhr

Märkte und Markthallen

Flórián-Markt, III., Flórián tér, Mo–Fr 6–18, im Winter 6–17, Sa 6–12 Uhr. Wochenmarkt.

Große Markthalle, IX. Fövám körút 1–3, Mo 6–17, Di–Fr 6–18, Sa 6–14 Uhr

Lehel-Markthalle, Lehel tér, Mo 6–17, Di–Fr 6–18, Sa 6–14 Uhr. Markt seit 120 Jahren, 2002 modernisiert.

Markthalle, V., Hold utca 8, Mo 6–17, Di–Fr 6–18, Sa 6–14 Uhr.

Einkaufszentren

Erlebniseinkauf in moderner Architektur mit vielfältigen Aktionen, Schlemmerinseln und Branchenmix ist das beliebteste Freizeitvergnügen vieler Ungarn.

Árkád, XIV., Örs vezér tere, Mo–Sa 10–21, So 10–18 Uhr. Glasüberdachte, helle Einkaufswelt mit über 170 Geschäften; internationale Unterhaltungslektronik und Bekleidung neben exklusiven Boutiquen und zahlreichen Einzelhändler. Dazu Lebensmittelmarkt und Kinderspielplatz (Endhaltestelle der U-Bahn M 2).

Mammut & Mammut 2, Moszkvá tér. Modeboutiquen und Restaurants auf dem Gelände eines der schönsten Budapester Wochenmärkte. Auch die Marktstände sind in den Betonbau integriert (M2, Straßenbahn 4 und 6).

Westend City Center, VI., Váci út 1–3, Tel. 1/238 77 77, Mo–Sa 8–21/23, So 8–18 Uhr. Riesiges Einkaufs- und Freizeitcenter in futuristischem Glas- und Stahldesign, mit über 400 Geschäften, 33 Restaurants und Cafés, 14 Kinos, Bank, 5-Sterne-Hotel, Parkhaus (M3 bis Westbahnhof/Nyugati pályaudvar, Straßenbahn 4 und 6).

Mode

Classic Line, Men's and Ladies' Boutiques, VI., Andrássy út 28

Dressy, V., Petőfi Sandor utca 20. Salon im feinen, holzgetäfelten Stoffgeschäft ›Brammer‹. Hier wird Abendkleidung für Damen und Herren verliehen und auf Maß geschneidert.

Ékes Kesztyű, V., Régiposta utca 14. Handschuhgeschäft seit 1884 mit traditionsreicher Werkstatt; auch originelle gestrickte ungarische Handarbeiten.

Kaczián, V., Régiposta utca 14. Krawatten-Fachgeschäft, auch Einzelanfertigungen.

Kaláka Design-Studio, V., Haris köz 2. Kleidung in ebenso raffinierten wie originellen Schnittformen, auch Maßanfertigungen, dazu ausgefallene Schuhe und Handtaschen.

László Vass, V., Haris köz 2. Traditionelles Schuhmacherhandwerk für handgearbeitete Herrenschuhe aus Pferde- und Kalbsleder. Aber auch Damen lassen sich hier sportliche Schnürschuhe nach Maß anfertigen.

Luxus-Warenhaus, V., Vörösmarty tér 3. Internationale Konfektion, ungarische Designermode, Lederwaren.

Manier Salon und Showroom, VI., Andrássy út 27. Kreatives Künstleratelier. Die ausgefallenen Modelle werden auch nach Maß gefertigt.

Mari, V., Váci utca 44. Lustige Boutique für Kids bis 14 Jahre.

Millennium-Center, V., Váci utca 19–21. Hochpreisige, trendige Markenmode in den Passagen eines alten Innenhofes.

Monarchia, V., Sabadsajtó út 6, Klothilden-Palast. Ausgefallene Abendroben.

Váci utca 10, V. Der Name der Boutique in einem Pester Innenhof ist zugleich ihre Adresse. Frech, sportlich,verrückt, Lederaccessoires.

Primás, Csárdás, Zimbelklang …

Nicht mehr wegzudenken aus dem **touristischen Ungarnbild** ist ein Abend bei Wein und Kerzenlicht in einem **Restaurant mit ›Zigeunermusik‹**. Dem Primás unterstehen in der klassischen Orchesterbesetzung drei weitere Geiger, ein Zimbelspieler, ein Klarinettist und ein Bassist, die mit virtuosem Spiel und Improvisationstalent die zumeist ausländischen Gäste unterhalten.

Ein Ungar wird sich allerdings ganz entschieden gegen die Gleichsetzung dieser ›Zigeunermusik‹ mit der **ungarischen Volksmusik** verwahren. Und tatsächlich entspricht diese Form der Tischmusik weder den alten Volksweisen der Ungarn noch der originalen Musiktradition der Roma. Es handelt sich vielmehr um im 19. Jh. (meist nur für eine Stimme) komponierte Kunstlieder mit unverbindlich-vager Notenvorgabe, in die Elemente der Volksmusik vieler Länder, aber auch gerade in Mode gekommene Schlagermelodien einfließen. Und obgleich diese Musikgattung nicht original ungarisch ist, nimmt diese Tatsache der Musik und ihren Meistergeigern nichts von ihrem Zauber.

Traditionelle Abendunterhaltung – ›Zigeunermusik‹ im ungarischen Gasthaus

Auf ein ungarisches Gasthaus, die Csárda, ist auch der Name des bekannten Nationaltanzes, **Csárdás**, zurückzuführen. Mit dieser Form des bald zur großen Mode gewordenen und bis heute gepflegten Paar- und Gruppentanzes vergnügt man sich seit dem 19. Jh. auf so mancher Geselligkeit.

Essen und Trinken

»Es gibt hunderte Gründe für die ungarische Küche; der erste: Sie schmeckt. (…) Und vier dagegen: wenig Gemüse; ausschließlich Schweineschmalz; oftmals lau, und ausschlaggebend: Es schmeckt *zu* gut« – so bewertete der Schriftsteller Franz Fühmann in den 70er-Jahren des 20. Jh. die Kochkunst der Ungarn.

Zur besseren Orientierung auf der Speisekarte seien hier einige wichtige Gerichte der ungarischen Küche aufgezählt.

Als **Vorspeise** empfehlen sich *Hortobágyer Palatschinken*, Eierkuchen nach einem Hirtenrezept aus der Tiefebene mit einer sahnigen Füllung aus Kalbfleisch und Zwiebeln. Unter den **Suppen** kennt man die *Fischsuppe*. Hierfür werden in einer aus Fischköpfen, Gräten, vielen Zwiebeln, grünen Paprikaschoten, Kirschpaprika und Tomatenmark hergestellten Bouillabaisse Süßwasserfische, u. a. Karpfen, gekocht und zuletzt mit Fischrogenmilch abgeschmeckt. Man unterscheidet die Zubereitung nach Szegeder-Theiß-Art und die Donau-Art von Baja mit einer Einlage aus Fadennudeln.

Das in der Hauptsache aus Rindfleisch bestehende, scharf mit Paprika, Kümmel und Zwiebeln gewürzte **Kesselgulasch** wurde ursprünglich im Freien von den Kuhhirten auf der Puszta gekocht – und ist ebenfalls eine Suppe. Jenes ragoutartige Fleischgericht hingegen, das in manchen Ländern unter der Bezeichnung Gulasch angeboten wird, nennt man in Ungarn *Pörkölt*. Das Rezept zu einer traditionellen Pörkölt-Beilage, *Tarhonya*, blieb aus der Nomadenzeit erhalten. Einst trocknete der Eierteig in der Sonne der Steppe vor dem Zerkrümeln zu graupengroßen Brocken.

Unter den **Hauptgerichten** genießt gebratenes Schweinefleisch den Vorrang. In vielen Variationen erscheint es auf dem Speiseplan, z. B. als *Bakonyer Schweinskotelett mit Räucherspeck* (zu einem Pilz-Paprika-Gemüse) oder als *Székelyer Apfelfleisch* mit Estragon gedünstet. Eine ›echt ungarische‹ Beilage zum Steak (Filet Mignon) ist der wohl schmeckende *Letscho*: gedünstetes Gemüse aus Zwiebelringen, zarten gelben Paprika- und enthäuteten Tomatenscheiben, dem abschließend verquirlte Eier beigemengt werden.

»Vinum regum rex vinorum« – kleine ungarische Weinkunde

Ungarischer Wein wird seit Jahrhunderten von Kennern geschätzt. Sonnenkönig Ludwig XIV. nannte den berühmtesten unter ihnen, den aus Nordostungarn kommenden, weltweit exportierten weißen **Tokajer** gar »König der Weine, Wein der Könige«. Die hoch entwickelte Weinkultur Ungarns – schon seit der Römerzeit wurden hierzulande Reben gezüchtet – sank unter den Türkenherrschern auf ihren Tiefstand und musste einen weiteren Rückschlag verkraften, als in den 70er-Jahren des 19. Jh. viele Weinstöcke durch die Reblausplage vernichtet wurden.

Bis heute werden ausgezeichnete Weine in Transdanubien angebaut, so der **Móri Ezerjó** (Tausendgut aus Mór) bei Székesfehérvár/Stuhlweißenburg. Der **Szürkebarát** (Grauer Mönch) reift auf vulkanischer Erde um Badacsony am Balaton. Auch die Ungarndeutschen erweisen sich als erfolgreiche Weinbauern: Im Umkreis von Sopron/Ödenburg gedeiht der **Kékfrankos** (der Blaufränkische), bei Pécs der **Villányer Kadarka**. Der eigenwillige Name eines dunklen, schweren Rotweins aus Eger/Erlau, **Egri bikavér** (Erlauer Stierblut), regt seit mehr als 100 Jahren zur Verbreitung manch schauerlicher Fantasiegeschichte an. Einkaufsmöglichkeiten:

Uri borház, I., Uri utca 18. Weinfachhandlung gegenüber Labyrinth.

Le Sommelier, V., Régiposta utca 14

Haus des Ungarischen Weines, I., Szentháromság tér 6, tgl. 11–19 Uhr. Im Keller des ehem. Finanzministeriums.

Gebackenes Huhn wird als Schnitzel, paniert auf den Tisch gebracht, während *Paprika-Huhn* ein gekochtes, saucenreiches Festessen aus Geflügel ist, zu dem hausgemachte Nockerln am besten schmecken. In Transdanubien wird bei festlichen Gelegenheiten gern *Gänserisotto* gegessen. Dieses Mahl besteht aus gegartem Gänsefleisch, von den Keulenknochen gelöst und mit gekochtem Reis vermischt, dem neben vielerlei Gewürzen auch grüne Erbsen, Pilze und Paprikaschoten beigegeben sind; angerichtet wird es meist mit gebratener Gänseleber.

Ungarische und internationale Küche

Leider kommt es in manchen Budapester Gaststätten zu Betrügereien gegenüber ausländischen Gästen. So ist Skepsis angebracht, wenn auf Speisekarten die Preise fehlen. Besondere Vorsicht ist auch bei der Abrechnung mit Kreditkarten geboten, da die korrekte Buchung an Ort und Stelle nicht überprüft werden kann.

Von den zahlreichen Budapester Restaurants werden im Folgenden einige besonders charakteristische empfohlen:

Á la Carte Kisvendéglö, I., Iskola Utca 29, Tel. 1/202 05 80, tgl. 12–23 Uhr. Kleines, familiäres Lokal am Batthyány-Platz/Burgaufgang. Wegen hervorragender Qualität zu günstigen Preisen von Einheimischen stets gut besucht.

Aranyszarvas (Goldener Hirsch), I., Szarvas tér 1, Tel. 1/375 64 51, www.aranyszarvas.hu, tgl. 12– 23, im Winter Mo–Fr 16–23, Sa/So 12–23 Uhr. Gute Adresse für Wild- und Geflügelspezialitäten in schönem Palais am Aufgang zum Burgpalast.

Fenyőgyöngye Vendéglő (Tannenperle), II., Szépvölgyi út 155, Tel. 1/325 50 06, tgl. 12–24 Uhr. Weil sich die Einkehr in dem gemütlichen Gasthaus gut mit einem Spaziergang im Wald der Budaer Berge verbinden lässt, ist das Lokal bei den Budapestern im Sommer wie im Winter gleichermaßen beliebt. Üppige, bürgerliche Küche.

Top Tipp **Fészek-Klub**, VII., Kertész utca 36, Tel. 1/322 60 43, tgl. 10–24 Uhr. Finde-Siècle-Restaurant mit guter internationaler Küche, preiswert, zuvorkommende Bedienung. Besonders reizvoll ist der Innenhof, das sich seit 1903 als ›Nest‹ des Künstlerklubs versteht.

Fortuna, I., Hess András tér 4, Tel. 1/375 68 57, tgl. 12–16 und 19–24 Uhr. Die ›Ars poetica‹ des Restaurants im Zentrum des Burgviertels liegt in der Entfaltung des Aromas traditioneller Speisen und in der harmonischen Abstimmung mit hiesigen Weinen. Sektkeller mit Produkten aus heimischen Anbaugebieten. ›Zigeunermusik‹.

Top Tipp **Gundel**, XIV., Állatkerti körút 2, Tel. 1/468 40 40, www.gundel.hu, tgl. 12–16 und 19–24 Uhr. Traditionsgasthaus, dessen feine ungarische

Küche einst in ganz Europa gerühmt war und auch heute noch Einheimische und Besucher gleichermaßen begeistert. Von Kennern gar als ›bestes Restaurant Mittel-Osteuropas‹ bezeichnet. Sonntags Brunch.

Kalocsai Paprika Csárda, VIII., Bláthy Ottó utca 13, Tel. 1/267 35 12, tgl. 12–22 Uhr. Fast jeden Abend mitreißendes Folklore-Programm mit Volkskünstlern aus der ungarischen Tiefebene (Beginn 20 Uhr).

TOP TIPP **Kéhli**, III., Mókus utca 22, Tel. 1/250 42 41, Mo–Fr 18–24 , Sa/So 12–24 Uhr. In dem Biedermeierhaus kochte schon die legendäre ›Kéhli-Mama‹ feine Suppen, Fisch- und Wildgerichte. Es ist eines der wenigen noch existierenden Gasthäuser, die seit dem 19. Jh. in Óbuda von den Donauschwaben betrieben wurden. Der Schriftsteller und Gourmet Gyula Krudy (1878–1933) war hier Stammgast. Oft unterhält ein Akkordeonspieler die Gäste.

Kispipa (Kleine Pfeife), VII., Akácfa utca 38, Tel. 1/342 25 87, www.kispipa.hu, tgl. außer So und Fei 12–1 Uhr, Reservierung empfohlen. Spezialitäten bei Klaviermusik. Hier spielte bis 1958 allabendlich der weltberühmte Komponist Rezsö Seress, dessen Lied ›Der traurige Sonntag‹ in den 1930er-Jahren eine mysteriöse Reihe von Selbstmorden ausgelöst hatte – Thema des deutschen Films ›Gloomy Sunday‹ (1999) mit Ben Becker.

Légrádi Antique, V., Bárczi István utca 3/5, Tel. 1/266 49 93, Mo–Fr 12–15 und 19–24, Sa 19–24 Uhr. Speisen als Kulturereignis im ›Antiquitäten-Salon‹ von Madame Irén. Geigenklänge zum klassischen französischen Menü.

Margitkert, II., Margit utca 15, Tel. 1/326 0860, tgl. 12–24 Uhr. Vornehmes ungarisches Spezialitätenrestaurant, in dem immer wieder einmal Staatsgäste einkehren. Unvergesslich ist das Geigenspiel des hochbetagten ›Zigeuner‹-Primás Lajos Boross.

Mátyás Pince (Matthias-Keller), V., Március 15. tér 7, Tel. 1/318 16 93, tgl. 12–15 und 18–1 Uhr. Spezialitätenrestaurant mit traditioneller Küche. Der berühmte ›Zigeuner‹-Primás Sándor Déki Lakatos mit Kapelle sorgt für die musikalische Unterhaltung der Gäste.

TOP TIPP **Náncsi néni vendéglője** (Gasthaus der Tante Náncsi), II., Ördögárok utca 80, Tel. 1/397 27 42, www.nacsinemi.hu, tgl. 12–23 Uhr, Reservierung empfohlen. Familiäre Gastwirtschaft, etwas außerhalb im ›Kühlen Tal‹ Budas gelegen. Verfeinerte ungarische Bauerngerichte und Hausmannskost, ländliche Dekoration, stimmungsvoller Garten und Akkordeonmusik.

Äußerst schmackhaft – die ungarische Küche

Régi Sipos, III., Lajos utca 46, Tel. 1/250 80 82, www.regisipos.hu, tgl. 12–24 Uhr. Schlicht eingerichtetes, sehr gepflegtes Lokal, bekannt für seine Fischspezialitäten in Obuda. Mit Garten und ›Zigeunerkapelle‹.

Remiz, II., Budakeszi út 5, Tel. 1/275 13 96, www.remiz.hu, tgl. 9–24 Uhr. Ungezwungene Atmosphäre in der Art eines ›Heurigenlokals‹ verbunden mit lukullischen Genüssen und prompter Bedienung. Spezialität: Fleisch vom Lavastein und hausgemachtes Gebäck. Livemusik.

Százéves, V., Pesti Barnabás utca 2, Tel. 1/266 52 40, tgl. 12–24 Uhr. Das namhafte Traditionslokal bietet internationale Spezialitäten. Mit Garten und Musikkapelle [s. Nr. 51].

Szép Ilona, II., Budakezi út 1–3, Tel. 1/275 13 92, tgl. 11.30–22 Uhr. Preiswerte und gute Hausmannskost. Spezialitäten: gepökelte Entenbrust und Szegediner Fischsuppe. Im Sommer kann man im Freien unter Kastanienbäumen sitzen.

Vadrózsa (Wildrose), II., Pentelei Molnár utca 15, Tel. 1/326 58 17, www.vadrozsa.hu, tgl. 12–15 und 19–24 Uhr. Gourmet-Restaurant im neobarocken Salon einer Budaer Villa. Während der Sommermonate wird auch im Garten gespeist.

Vegetarisch

Éden, I., Döbrentei utca 9, Tel. 1/375 75 75, tgl. 12–23 Uhr. Frisches Obst und landestypisches Gemüse serviert das erste rein vegetarische Budapester Restaurant mit Terrasse im historischen Stadtteil Tabán, am Fuße der Budaer Burg.

Ausländische Spezialitäten

Französisch

Járdin de Paris, I., Fő utca 20, Tel. 1/ 201 00 47, tgl. 12–24 Uhr. Ob im Winter im Gewölbe bei Kerzenschein oder im Sommer in Gemäuern eines alten türkischen Bades im weitläufigen Garten – das Restaurant mit Delikatessen wie Fasan, Gänseleber oder geeister Erdbeersuppe ist stets gut besucht. Musikuntermalung live durch Klavier und Zimbel.

Griechisch

Zorbas, VI.,Podmanicky utca 18, Tel. 1/332 79 00, www.zorbastaverna.hu, tgl. 12–24 Uhr. Griechische Fisch- und Fleischspezialitäten. Live-Musik, Do ungarische, Fr griechische Folklore.

Italienisch

Fausto's Étterem, VII., Dohány utca 5, Tel. 1/269 68 06, Mo–Sa 12–15 und 19–24 Uhr. Ausgezeichnete Küche und gute Weine machen den Reiz dieses Lokals aus. Reservierung empfohlen.

Jüdisch

Shalom, VII., Klauzál tér 2, Tel. 1/322 1464, So–Fr 12–23, Sa 12–15 Uhr. Orthodoxe Koscher-Gaststätte mit einer großen Auswahl an ungarisch-jüdischen Speisen.

Tschechisch

Svejk, VII., Kürt utca 16, Tel. 1/352 13 46, tgl. 12–23 Uhr. Ein origineller Rest von K. u .K. Donaumonarchie, böhmische Knödel und Pilsner vom Fass, abends Schrammelmusik.

Bierstuben und Pubs

Columbus, Irish Pub, Donauschiff, vor dem Hotel Intercontinental, nahe der Kettenbrücke, Tel. 1/266 90 13, tgl. 12–2 Uhr. Von der Biertheke am Oberdeck wundervoller Panoramablick.

Crazy Café, VI., Jókai utca 30, Tel. 1/302 40 03, tgl. 12–1 Uhr. In fantasievoll ausgemalten Räumen mit Tonnengewölbe trifft sich ein meist junges Publikum. 24 Sorten Zapfbier, 100 Sorten Flaschenbier, 300 Sitzplätze. Livemusik. Angeschlossen ist das beliebte Restaurant ›Dschungel‹ mit Urwald-Flair.

Kárpátia, V., Ferenciek tere 4–8, Tel. 1/317 35 96, tgl. 11–23 Uhr. Bierbar und Restaurant mit ungarischer und Siebenbürgener Küche, für gehobene Ansprüche.

Pub V im Hotel Kempinski, Erzsébettér 7–8, Tel. 1/429 37 77, Mo–Sa 12–24, So 18–24 Uhr, Happy Hour: 17–19, So 18–20 Uhr. Luxuriöser Treffpunkt, Di und Do Livemusik, Eurosportübertragungen.

Trombitás Pub, II., Peték utca 12, Tel. 1/212 49 15, tgl. 11–24 Uhr. Nicht zu verwechseln mit der Touristengaststätte! Im Pub zivile Preise für deftige Speisen (z. B. Eisbein).

Kaffeehäuser und Konditoreien

Angelika, I., Batthyány tér 7, tgl. 10– 22 Uhr. Vor allem junges Publikum fühlt sich von dem modernisierten Kaffeehaus mit neuer Freiterrasse in unmittelbarer Donau-Nähe angezogen. Regelmäßig finden Konzerte sowie kleinere Wechselausstellungen zeitgenössischer ungarischer Künstler statt.

Auguszt, V., Kossuth Lajos utca 14–16, Mo–Fr 10–18, Sa 10–14 Uhr, www.auguszt cukraszda.hu. Urgemütliche Pester Konditorei (seit 1870) mit stets frischem Kuchen. Im Sommer wird auch im prächtigen Innenhof serviert. Ableger auf der Budaer Seite: II., Fény utca 8, Tel. 1/316 38 17, Di–Fr 10 18, Sa 9–18 Uhr. Hier genießt man hausgemachtes Gebäck in Jugendstil-Ambiente.

Café Miro, I., Úri utca 30, tgl. 9–24 Uhr. Junges, schräges Kontrastprogramm zum benachbarten ›Ruszwurm‹: Starker Kaffee zu frischem Gebäck, kleine Wechselausstellungen, tgl. ab 20 Uhr musikalisches Abendprogramm (Jazz, Klänge aus Lateinamerika).

Café Pierrot, I., Fortuna utca 14, www. pierrot.hu, Mo–Sa 17–1, So 11–23 Uhr. Kaffeespezialitäten, Cocktails, Salate. Ab 20 Uhr Pianomusik.

TOP TIPP **Centrál Kávéház**, V., Károlyi Mihály utca 9, Tischres. 1/266 45 72, tgl. 8–24, Fr/Sa 8–1 Uhr. In den Hallen mit kontrastreichen, blaugrünorangen Wänden und mit Stuckrosetten verzierten Decken wurde seit 1887 ungarische Literaturgeschichte geschrieben. Heute ist hier ein weltstädtischer und dennoch sehr k.u.k-kulturbewusster Treff mit Melange, Guglhupf und Fiaker-Gulasch entstanden.

Eckermann-Café, VI., Andrássy út 24, Tel. 1/353 22 33, Mo–Fr 8–22, Sa 9–22 Uhr. Vorwiegend studentischer Treffpunkt im Goethe-Institut. Deutsche Zeitungen zu Espresso, Internet-Zugang, philosophische Abende.

Gerbeaud, V., Vörösmarty tér 7, Tel. 1/ 429 90 00, www.gerbeaud.hu, tgl. 9–21 Uhr, Fei geschl. Mondäner Treffpunkt für Besucher aus aller Welt, darunter viele Künstler. Das Interieur entspricht auch nach der jüngsten Renovierung noch weitgehend dem aus der Zeit des legendären Besitzers Emil Gerbeaud [Nr. 53].

Gresham Kávéház, V., Roosevelt tér 5–6 (im Gresham-Palast), Tel. 1/268 51 10, tgl. 6.30–22 Uhr, bei Veranstaltungen bis 23 Uhr; ab 10.30 Uhr warme Küche. Restauriertes Juwel der Sezessionskunst, Gäste genießen Kaffee, Eis, Gebäck, populäre ungarische Gerichte und leichte mediterrane Küche. Sonderprogramme, z. B. im Sommer Do/Fr/Sa ab 19 Uhr Jazz-Dinner mit Favoriten der 20er-, 30er- und 40er-Jahre. Übrigens: die Toiletten sind ein wahres Kulturereignis in Jugendstil.

TOP TIPP **Hauer**, Rákóczi út 47-49, tgl. 10–20 bzw. bei Kulturprogramm 10–22 Uhr. Pester Traditionskonditorei von 1896, unweit des Ostbahnhofs. Wiedereröffnung im Herbst 2002 als Literaturcafé mit originalgetreu rekonstruiertem Interieur: weißes und dunkles Mobiliar sowie schwere weinrote Draperien beschwören die Salonatmosphäre der 1930er-Jahre herauf. Hier entspannt das Bildungsbürgertum bei Károlyi-Kremschnitten, Herzog-Albert-Kastanientorte oder einem Cocktail. Im Ballsaal mit Bühne werden Theater, Chanson, Jazz, Kabarett, Lesungen geboten, auch auf Deutsch, Auskunft Tel. 1/323 14 76).

Korona, I., Dísz tér 16, tgl. 10–21 Uhr. Durch seine Lage am Nadelöhr des Burgbergs Anziehungspunkt für Touristen, die sich, ermüdet vom Rundgang, bei Kaffee, Eis und Kuchen erholen. Das Korona-Podium bietet abends Programm mit internationalem Musik- und Literatur-Cocktail.

Lukacs-Konditorei, VI., Andrássy út 70, tgl. 9–20 Uhr, Mo–Fr 17–20 Uhr Pianomusik. Nichtraucher-Empore, von der man einen schönen Ausblick auf die Akademie der Bildenden Künste und die Alte Musikakademie hat. Es schließt sich der Salon mit denkmalgeschützter Innenausstattung (spätes 19. Jh.) an.

Művész, VI., Andrássy út 29, tgl. 9–24 Uhr. Seidentapeten, Kirschbaumholz, kleine Marmortischchen, Kandelaber und alte Gemälde geben dem in Opernnähe gelegenen Kaffeehaus einen Hauch gediegener Festlichkeit.

New York, VII., Erzsébet körút 9–11. Einst prachtvolles Kaffeehaus im Fin-de-Siècle-Dekor, traditioneller Treffpunkt ungarischer Literaten und Künstler. Wiedereröffnung nach Renovierung und Umbau für Ende 2005 vorgesehen [Nr. 62].

Ruszwurm, I., Szentháromság utca 7, www.ruszwurm.hu, Do–Di 10–20 Uhr. Überaus beliebte kleine Konditorei im Burgviertel, ausgestattet mit Empire-Möbeln [Nr. 21].

In einigen Hotels gibt es ebenfalls recht stimmungsvolle Cafés, beispielsweise das **Zsolnay Kávéház** im Hotel Radisson Béke, VI., Teréz Körút 43.

Feste und Feiern

Feiertage

1. Januar (Neujahrstag), 15. März (Nationalfeiertag zum Gedenken der Revolution 1848), Ostern (einschließlich Ostermontag), 1. Mai (Tag der Arbeit), Pfingsten (einschließlich Pfingstmontag), 20. August (St.-Stephans-Tag), 23. Oktober (Nationalfeiertag, Jahrestag des Beginns der Revolution 1956 und der Ausrufung der Republik 1989), 1. November (Allerheiligen), 25./26. Dezember (Weihnachtsfeiertage).

Banken, Postämter, Museen, Geschäfte und Lebensmittelläden haben, mit Ausnahme der größeren Einkaufszentren, an diesen Tagen geschlossen. Mitunter wird an Wochenenden (Sa/So) vor oder nach Feiertagen regulär gearbeitet.

Feste

Januar/Februar

Zwischen dem 6. Januar und Aschermittwoch: **Faschingsbälle** in Hotels und größeren Gaststätten; sehr bekannt sind etwa der Schwaben-, der Juristen-, der Ärzte- oder der Journalistenball.

Am Wochenende vor Fastnacht in der Nähe der Kettenbrücke: **Straßenkarneval** und Umzug der *Buschos*, einer zur Vertreibung des Winters Furcht erregend verkleideten Gruppe aus dem südungarischen Mohács.

März/April

15. März (Nationalfeiertag): **Gedenkveranstaltungen** an den Erinnerungsstätten der Revolution von 1848, am Nationalmuseum, wo Petőfi sein patriotisches ›Nationallied‹ verlesen hat, Festumzüge zum Lajos-Kossuth-Denkmal vor dem Parlament.

Ostern: Junge Männer begießen junge Mädchen mit Wasser, ein mit dem Gedanken des Fruchtbarkeitsmythos und der rituellen Reinigung verbundener alter Brauch, auf dem Land heute noch mittels Wassereimern vollzogen, in der Stadt wird Eau de Cologne verwendet.

Ostermarkt im Ethnographischen Museum.

Mai/Juni

1. Mai: **Frühlingsvolksfest** im Stadtwäldchen, Folkloremärkte, Sportwettkämpfe, Öffnung der Freibäder.

Pfingsten: Feierlichkeiten mit Volkskunstprogramm im nahe gelegenen Szentendre (Information: Verband der Volkskunstensemble, Népművészeti Egyesületek Szövetsége, 1011 Budapest, Corvin tér 8, Tel. 1/214 35 23).

Fronleichnam: In der näheren Umgebung Budapests, in Máriaremete, Városmajor und Pilisvörösvár, werden für die Prozessionen frische Blumenteppiche ausgelegt.

Die großen Sommerferien der Schulen, von der 2. Juniwoche bis Ende August, sind die Zeit der **Kirmes** und der **Straßenfeste** in allen Stadtbezirken.

August

20. August: **St.-Stephans-Tag:** Zum Gedenken an den ersten ungarischen König, der zugleich die christliche Religion verbreitete, wird die Hand des hl. István schon Tage zuvor in **Corpus-Christi-Prozessionen** durch das ganze Land geführt und schließlich an seinem Namenstag in der Budapester St.-Stephans-Basilika den Gläubigen offenbart.

September

Weinlesefeste, veranstaltet von Hotels und Weinbauern. Information bei: Magyar Szőlő és Borkultúra Kft., 1223 Budapest, Dézsmaház u. 19/A, Tel. 1/355 18 47, Fax 1/202 23 90

Dezember

Weihnachtsmarkt im Ethnographischen Museum.

31. Dezember: **Straßenkarneval** auf der Großen Ringstraße: Mit Rasseln und Papiertrompeten wird das alte Jahr verabschiedet.

Klima und Reisezeit

Budapest besitzt kontinentales Klima. Die Durchschnittstemperatur im Juli berägt 22 °C, im Januar -1 °C. Als beste Reisezeiten bieten sich Frühjahr und Herbst an.

Klimadaten Budapest

Monat	Luft (°C) min./max.	Sonnen-std./Tag	Regen-tage
Januar	–2/ 2	2	8
Februar	2/ 4	3	7
März	2/ 11	4	7
April	6/16	6	7
Mai	11/22	8	9
Juni	14/26	9	9
Juli	16/28	9	6
August	15/27	8	7
September	12/23	7	5
Oktober	7/16	5	7
November	3/ 8	2	9
Dezember	–1/ 3	1	8

Kultur live

Informationen zu Veranstaltungen und Adressen für Kartenvorbestellungen bei:

Tourinform Budapest, V., Sütő utca 2, Tel. 1/317 98 00. Kartenvorverkauf Mo–Fr 10–18 Uhr

Bei Tourinform sind zwei monatlich erscheinende Broschüren mit Veranstaltungshinweisen kostenlos erhältlich: ›Programme in Ungarn/in Hungary‹ (in Deutsch und Englisch) sowie ›Budapest Panorama‹ (in Englisch, Deutsch, Italienisch und Russisch).

Veranstaltungen

Januar

1. Januar: **Neujahrskonzert** im Opernhaus. Und **Operettengala** in der Pester Redoute.

22. Januar: **Tag der ungarischen Kultur** (Premieren, Ausstellungen, Werkstattgespräche, Buchpräsentationen usw.).

Januar/ Februar

In den letzten Jahren zieht der **Opernball** verstärkt internationales Publikum an.

März

Budapester Frühlingsfestival: Die größte Kulturveranstaltung der Stadt bietet ein attraktives Programm, das von klassischen Konzerten über Opern-, Operetten- und Ballettaufführungen bis zu Jazz- und Popkonzerten reicht. Daneben bieten die Museen interessante Sonderausstellungen. Informationen bei:

Budapesti Fesztivál Kht., Tel. 1/210 27 92, www.festicalcity.hu

Titanic-Filmfestival: Internationale Experimental, Spiel- und Animationsfilme, www.titanicfilmfest.hu

Juni

Duna Karneval Parade: Kulturtreffen der Donauländer mit Folkloremusik und -tänze auf der Margareteninsel, Burg Vajdahunyad im Stadtwäldchen und auf dem Vörösmarty tér. Infos bei:

BM Muvészegyüttes, Mucsi János, Tel. 1/201 66 13, www.dunaart.hu

Juni/Juli

Budapester Sommer/Budapesti Búcsú und Budapest Sommer Musikfestival: In der letzten Juniwoche Straßentheater und Freilichtbühnen auf der Margareteninsel, dem Óbudaer Hauptplatz, am Tabáner Hügel und im Budaer Park. Nächtliche Konzerte in einigen Innenhöfen des Burgviertels und im Hof des Kiscelli Múzeum, populäre Kleinopern im Dominikanerhof des Budapest-Hilton, christliche Musicals im Karmeliterhof (www.festical city.hu, www.viparts.hu)

Brückenfest und Filmfestival Budapest: 2004 erstmals ausgerichtetes Fest auf der Kettenbrücke, im Tunnel unter der Brücke und an weiteren Orten werden während der drei Festivaltage ungarische und internationale Filme zu besonders günstigen Eintrittspreisen gezeigt.

Ferencváros-Festspiele: Seit 1993 wird Ende Juni/Anfang Juli das Musikfestival mit Oper, Rockoper, Operngala, Jazz, Musical und Ballett geboten.

Juli/August

Anfang Juli bis Mitte Aug.: **Sommer auf der Kettenbrücke**. An den Wochenenden werden auf der zu dem Event gesperrten Kettenbrücke (Sa 7 Uhr–So 22 Uhr) verschiedene Musikveranstaltungen, Ausstellungen, ein literarisches Kaffee- und Teehaus und viele weitere Attraktionen geboten.

August

BudaFest: Ballett, Konzerte und festliche Opern im Budapester Opernhaus, Gastspiele, nachmittags Teekonzerte in kleinen Sälen der Oper (www.budafest.hu)

Budapest Plage: 2003 wurde das Pester Donau-Ufer erstmals in einen palmenbestandenen Sandstrand verwandelt.

Anfang August: **Insel-Festival:** Multikulturelle Open-Air-Veranstaltung für junge Leute, auch als *Pepsi Sziget Festival* bekannt. Musik, Tanz und Theater auf dem Gelände der Schiffswerft in Óbuda.

Fesztiválroda, Tel. 1/372 06 50, www.sziget.hu/festival_german oder www.sziget fesztival.com

20. August: **Volksfest** auf der Budaer Burg zwischen Disz tér und Szentháromság tér/Fischerbastei, 21 Uhr Feuerwerk. Im gesamten Burgviertel **Festival des Handwerks** mit großem Volkskunstmarkt.

Ende August: **Jüdisches Festival**, seit dem Jahr 2000 auch **Budapest Parádé**, eine Love Parade á la Budapest

September/Oktober

Budapester Herbstfestival: Kunstwochen mit anspruchsvollem Programm in den Bereichen Musik, Theaters und Bildende Künste; Ausstellungseröffnungen in verschiedenen Museen. Infos bei:

Budapesti Fesztivál Kht., Tel. 1/210 27 92, www.festicalcity.hu

Dezember

31. Dez.: **Silvestergala** und **Ball** in der Ungarischen Staatsoper (www.viparts.hu).

Kartenvorverkauf

Kartenbestellung im Internet: *Budapesti Fesztivál Kht.*, www.festicalcity.hu

Fortissimos Festivalkartenbüro, VI., Nagymezö utca 19, Tel. 1/302 38 41

Music Mix 33 Ticket Service, V., Váci utca 33, Tel. 1/266 70 70, 1/317 77 36

Musikalienhandlung Rózsavölgyi, V., Szervita tér 5, Tel. 1/318 35 00, Mo–Fr 10–19, Sa 10–17, So 11–18 Uhr

Publica Kartenvorverkauf, V., Ferenciek tere 10, Tel. 1/342 75 83

Ticket Express, www.tex.hu, jegy@tex.hu. II., Lövőház utca 2–6 (Mammut 1); VI., Jókai utca 40, Tel. 1/353 06 92

Vigadó Ticket Service, V., Vörösmarty tér 5, Tel. 1/318 54 63, Fax 1/327 43 21, Mo–Fr 9–19, Sa/So 10–15 Uhr

Klassische Konzerte

Budapester Kongresszentrum, XII., Jagelló út 1–3, Tel. 1/361 28 69

Donaupalast (Duna Palota), V., Zrínyi utca 5, Tel. 1/317 27 54

Franz Liszt Kammersaal (Alte Musikakademie), VI., Vörösmarty utca 35, Tel. 1/322 98 04

Kiscelli Múzeum, Innenhof, Kiscelli utca 108, Tel. 1/250 02 88

Kulturgrube Gödör (Erzsébet téri Gödör Klub), V., Erzsébet tér, Mobil-Tel. 209 43 54 54

Marmorsaal des Ungarischen Rundfunks, VIII., Pollack Mihály tér 8–10, Tel 1/328 75 05

Musikakademie (Zeneakadémia), VI., Liszt Ferenc tér 8, Tel. 1/341 47 88

Nationaler Konzertsaal im Palast der Künste, IX., Komor Mrcell utca 1, Tel. 1/555 30 00

Prunksaal der Akademie der Wissenschaften, V. Roosevelt tér 9, Tel. 01/411 61 00, 1/353 15 74

Oper, Operette, Ballett, Musical

Budaer Parkbühne (Budai Parkszínpad), XI., Kosztolányi Dezső tér, Tel. 1/466 98 49

Budaer Redoute (Budai Vigadó), I., Corvin tér 8, Tel. 1/201 59 28

Dominikanerhof im Hotel Budapest-Hilton, I., Hess András tér 1–3, Tel. 1/214 30 00

Erkel-Theater der Ungarischen Staatsoper (Erkel Színház), VIII., Köztársaság tér 30, Tel. 1/333 05 40

Freilichtbühne auf der Margareteninsel (Margitszigeti Szabadtéri Színpad), XIII., Margitsziget, Tel. 1/340 41 96

Hauptstädtisches Operettentheater (Fővárosi Operett Színház), VI., Nagymező utca 17–19, Tel. 1/472 20 30

Madách-Theater (Madách-Színház), VII., Erzsébet körút 29/33, Tel. 1/478 20 00

Nationales Tanztheater (Nemzeti Táncszínház), I., Színház utca 1–3, Tel. 1/356 40 85

Pester Redoute (Pesti Vigadó), V., Vigadó tér 2, Tel. 1/266 61 77, 1/322 06 76

Thália Theater, VI., Nagymező utca 22–24, Tel. 1/312 42 30

Ungarische Staatsoper (Magyar Állami Operaház), VI., Andrássy út 64, Tel. 1/332 79 14, 1/331 25 50. Kartenbüro, Andrássy út 20, Tel. 1/332 79 14, Tel./ Fax 1/311 90 17, Mo–Fr 10–17 Uhr

Víg-Theater (Víg Szinház), XIII., Szent István körút 14, Tel. 1/329 23 40

Folklore

Donaupalast (Duna Palota), V., Zrínyi utca 5, Tel. 1/201 59 28

Hauptstädtisches Kulturzentrum, Fehérvári út 47, Tel. 1/203 38 86. Jeden Di 17–18.30 Uhr Kindertanzhaus, jeden 2. Do 19 Uhr Csörrentő Ensemble Moldavian-Csangó Tanzhaus.

Ungarisches Staatliches Folklore-Ensemble, Budaer Redoute (Budai Vigadó), I., Corvin tér 8, Tel. 1/317 27 54

Tanzhaus, Freizeitzentrum (Almássy téri szabadidőközpont), VII., Almássy tér 6, Tel. 1/342 03 87

Jazz

A 38, I., Pázmány Péter Sétány, Tel. 1/464 39 40. Kultur-Schiff am Budaer Brückenkopf der Petőfibrücke. Beliebter Sammelpunkt der jungen Kunst-Szene auf einem ausgemusterten Moskauer Frachtschiff namens ›Artemovsk 38‹, das von funktionsästhetischen Bauformen im Geiste der klassischen Moderne eines Le Corbusier geprägt ist.

Fonó Music Hall, XI., Sztregova utca 3, Tel. 1/206 53 00, www.fono.hu. Musichall

Fregatt Pub, V., Molnár utca 26, Tel. 1/318 99 97, Mo–Fr 15–24, Sa/So 17–24 Uhr. Alle zwei Wochen Mi Live-Jazz, Fr Live-Country.

Hades Jazz Restaurant, VI., Vörösmarty utca 31, Tel. 1/352 15 03, Mo–Fr 12 – 2, Sa 17–2 Uhr

Jazz-Café, V., Balassi Bálint utca 25, Tel. 1/269 55 06, Mo–Sa 18–3Uhr. Ab 20 Uhr Live-Jazz.

Jazz-Klub des Merlin-Theaters, V., Gerlóczy utca 4, Tel. 1/317 93 38, tgl. 22–2 Uhr

Közgáz Jazz Klub, IX., Kinizsi utca 2–6, Tel. 1/217 51 10

Let's Blues, VIII., Horánszky utca 9, Tel. 1/266 45 03

Trafó-Haus der Zeitgenössischen Künste, IX., Liliom utca 41, Tel. 1/215 16 00, www.trafo.hu. Haus zeitgenössicher Kunst in einer ehemaligen Transformatorenstation, Hochburg junger alternativer Szene, Schwerpunkt moderner Tanz.

Pop und Rock

Budapest Sportarena László Papp (Budapest Aréna), XIV., Stefánia út 2, Tel. 1/422 29 00. Das anstelle der 1999 abgebrannten Sporthalle errichtete Gebäude (Architekturdesign: János Schulek) in ufoförmiger Gestalt wurde im September 2003 eröffnet und noch im selben Jahr mit dem ungarischen Architektur-Niveaupreis ausgezeichnet. Die futuristische Multifunktionshalle beherbergt sportliche und kulturelle Großereignisse und bietet 12 500 Personen Platz.

Fat Mo's Club, V., Veres Pálné utca 9, (Eingang Nyári Pál utca 11), Tel. 1/267 31 99, tgl. ab 20 Uhr Livemusik.

Freizeitzentrum (Almássy téri szabadidőözpont), VII., Almássy tér 6, Tel. 1/342 03 87, www.almassy.hu

International Buda Stage, II., Tárogató út 2–4, Tel. 1/391 25 00 (Konzerte)

Old Man's Music Pub, VII., Akácfa utca 13, Tel. 1/322 76 45, tgl. 21–23 Uhr, Livemusik.

Petőfi-Halle, (Petőfi Csarnok), im Stadtwäldchen, XIV., Zichy Mihály út 14, Tel. 1/343 43 27, 1/251 72 66

Laser-Theater

Fantastic Light Show, Tel. 1/263 08 71, www.lasertheater.hu. Im Planetarium, X., Népliget, Vorstellungen Mo–Sa 19.30 Uhr, Kartenvorbestellung tgl. ab 10 Uhr unter . Außergewöhnliche Ton- und Lichteffekte zur Musik von Pink Floyd, J. M. Jarre, Carmina Burana und Musicals.

Puppentheater

Staatliches Puppentheater (Állami Bábszínház), VI., Andrássy út 69, Tel. 1/322 50 51, 1/321 52 00

Sprechtheater

Deutsches Theater Budapest, an wechselnden Spielstätten, z. B. im Burgtheater, Tel. 1/342 08 64, www.deutsches theater.hu

Hauer, VIII., Rákóczi út 47-49, Tel. 1/323 14 76. Literarisches Café, Ballsaal mit Bühne.

Internationales Merlin-Theater (Merlin Színház), V., Gerlóczy utca 4, Tel. 1/31793 38, www.merlinszinhaz.hu. Erstes Internationales Theater der Stadt: Unter dem Titel dem Motto ›BEUgro‹ (Wortspiel für Hineinspringen und Eintrittspreis) werden Veranstaltungen in den Sprachen der Künstler geboten.

Korona Podium, I., Disz tér 16, Tel. 1/375 61 30

Zirkus

Hauptstädtischer Großzirkus (Fővárosi Nagycirkusz), XIV., Állatkerti út 7, Tel. 1/343 96 30, www.maciva.hu. Mi 19.30, Do/Fr 15.30 und 19.30, Sa/So 10, 15.30 und 19.30 Uhr, Mo und Di keine Vorstellung.

Museen, Galerien, Bibliotheken

Museen und Sammlungen

Im Hauptteil werden die wichtigesten Museen und Sammlungen ausführlich beschrieben. Aufgrund des Europa-Plans der ungarischen Regierung sind seit Mai 2004 eine Reihe Staatlicher Museen kostenlos zu besichtigen. Öffnungszeiten sind in der Regel Di–So 10–18 Uhr

Galerien und Ausstellungshallen

Neben den interessanten Galerien, die bereits im Hauptteil vorgestellt sind, bietet Budapest eine ganze Reihe weiterer lohnender Ausstellungsorte, etwa:

Französisches Institut in Ungarn, I., Fő utca 17, Mo–Fr 13–19 Uhr. Ausstellungen zur ungarischen Gegenwartskunst und Fotografie.

Galerie Dovin, V., Galamb utca 6, Di–Fr 12–18, Sa 11–14 Uhr

Haas-Galerie, V., Falk Miksa utca 13, Mo–Fr 10-18, Sa 10–13 Uhr. Klassische Moderne

Knoll Galerie, VI., Liszt Ferenc tér 10, Mo–Fr 14–18.30, Sa 11–14 Uhr

Óbudaer Társaskör-Galerie, III., Kiskorona utca 7, Di–Fr 14–18, Sa/So 10–18 Uhr

Sziget Galerie, V., Váci utca 63, Mo–Fr 10–18, Sa 10–15 Uhr. Ungarische Kunst des 19.–21. Jh.

Trafó Galerie, im Haus der Zeitgenössischen Künste, IX., Liliom utca 41, Tel. 1/456 20 40, www.trafo.hu, tgl. 16–19 Uhr und zu den Veranstaltungen. Tanz, Musik, Film, Performance.

Várfok u. 14, I., Várfok utca 11 und 14, Di–Sa 11–18 Uhr. Zeitgenössische Kunst in einer Straße, in der in jüngster Zeit gleich mehrere Galerien eröffneten.

Vigadó-Galerie, V., Vigadó tér 2, Tel. 1/318 70 70, www.vigado.hu, Di–So 10–18 Uhr. Betreiber der Galerie in der Prager Redoute sind die Stiftung für Kunst und Öffentliche Bildung, die Stiftung der Ungarischen Künstler und der Ungarische Künstlerverband. Wegen Renovierung werden in dem zweigeschossigen Exhibitionssaal voraussichtl. bis Anf. 2006 nur kleinere Ausstellungen stattfinden.

Bibliotheken

Hauptstädtische Bibliothek Szabó Ervin (Fővárosi Szabó Ervin könyvtár), VIII., Szabó Ervin tér 1, Mi geschl.

Kunstbibliothek im Museum der Bildenden Künste, VI., Szondy utca 77, Mo–Fr 9–18 Uhr, Voranmeldung Tel. 1/302 18 05.

Nachtleben

Bars

Fortuna, I., Hess András tér 4, Tel. 1/355 87 13, tgl. 22–5 Uhr. Livemusik, 24 Uhr Revue-Show.

Horoszkóp Night Club (im Hotel Mercure Buda), I., Krisztina körút 41/43, Tel. 1/356 63 33, tgl. 21–3 Uhr, Livemusik und wechselnde Revues.

Király, I., Táncsics Mihály utca 25, Tel. 1/212 85 65, tgl. 21 und 21.45 Uhr ungarisches Revue-Programm.

Moulin Rouge, VI., Nagymező utca 17, Tel. 1/312 80 00. Variete, tgl. 22 und 24 Uhr Revue.

Diskotheken

E-Klub, X., Népliget, Tel. 1/263 16 14, Fr/Sa 21–5, Do/So 19–5 Uhr (Hardrock)

Picasso Point Club, VI., Hajós utca 31, Tel. 1/269 55 44, tgl. 9–4 Uhr

Ráday Klub, IX., Ráday utca 43–45, Tel. 1/218 47 66, Do–Sa 21–4 Uhr

Rock'n'Roll Centrum, IX., Kinizsi utca 2, Tel. 1/217 30 33, Fr 20–24, Sa 20–2 Uhr

Spielcasinos

Casino Budapest Hilton, I., Hess András tér, im Hotel Budapest Hilton, tgl. 19–4 Uhr

Casino Várkert, I., Ybl Miklós tér 9, tgl. 14–5 Uhr

Obuda Globe Royal, III., Csemete utca 5, Tel. 1/250 89 30, tgl. 20–2 Uhr. Casino, Billard, Restaurant.

Schiffscasino Budapest Schönbrunn, V., am Pester Brückenkopf der Kettenbrücke, tgl. 16–4 Uhr

Sport

Bäder

Die Kassen schließen meist 1 Std. vor Ende der Öffnungszeit. In manchen Bädern wird bei einer Badezeit unter 3 Std. ein Teil des Eintritts zurückerstattet.

Freibad Csillaghegy, III., Pusztakúti út, Tel. 1/250 15 33, Mai–Aug. tgl. 7–19, Sept.–April Mo–Fr 6 – 19, Sa 6–16, So 6–13 Uhr, Zeltdach-Schwimmbad.

Heilbad Rácz, I., Hadnagy utca 8 – 10, Tel. 1/356 10 10, Mo–Sa 6.30 – 19 Uhr, Frauen: Mo/Mi/Fr, Männer: Di/Do/Sa. Badeärztliche Fachberatung: Mo 14–16 und Do 8 – 10 Uhr

Heilbad Rudas, I., Döbrentei tér 9, Tel. 1/375 83 73, Mo–Fr 6–18, Sa/So 6–13 Uhr, Thermal-Dampfbad nur für Männer: Mo–Fr 6–18, Sa 6–13. Schwimmhalle: Mo–Fr 6 –18, Sa/So 6–13 Uhr

Heil- und Freibad Király, II., Fő utca 84, Tel. 1/201 43 92. Frauentage: Di/Do 6.30–19, Sa 6.30–13 Uhr, Männertage: Mo/Mi/Fr 6.30–21 Uhr (beliebter Treffpunkt der gay scene) [s. Nr. 30]

Heil- und Freibad Lukács, II., Frankel Leó út 25–29, Tel. 1/326 16 95, Mo–Sa 6–19, So 6–17 Uhr [s. Nr. 28]

Heil- und Freibad Széchenyi, XIV., Állatkerti körút 11, Tel. 1/321 03 10, tgl. 6–19, Okt.–April Sa/So 6–17 Uhr [Nr. 85]

Heil- und Schwimmbad Császár-Komjádi, II., Frankel Leó út 35, Tel. 1/326 14 78, Mo–Sa 6–21, So 6–19 Uhr [Nr. 28]

Heil-, Schwimm- und Wellenbad Gellért, XI., Szent Gellért tér 1, Tel. 1/466 61 66, tgl. 6–19, Juli/Aug. Fr/Sa 20–24 Uhr: nächtliches Baden mit Musik im Sprudel-Wellenbad [Nr. 36]

Hotel Thermal, XIII., Margareteninsel, Tel. 1/329 23 00, tgl. 7–20 Uhr

Thermal- und Freibad Palatinus, XIII., Margareteninsel, Tel. 1/340 45 05, Mai–15. Sept. tgl. 8–19 Uhr

Thermal-, Frei- und Hallenbad Dagály, XIII., Népfürdő utca 36, Tel. 1/452 45 00, tgl. 6–19, Okt.–April Sa/So 6–17 Uhr

Thermal Hotel Helia, XIII., Kárpát utca 62–64, Tel. 1/350 32 77, tgl. 7–22 Uhr

Radfahren

Die Budapester fahren gern und häufig Rad in ihrer Stadt, allerdings fehlen häufig sichere Radwege. Das Faltblatt mit Karte ›Mit dem Fahrrad durch Budapest‹ ist in den Touristeninformationsstellen erhältlich. Informationen erteilt auch der

Ungarischer Verband für Tourenradsport, Bajcsy Zsilinszky út 31/II, 1065 Budapest, Tel. 1/311 24 67, Fax 1/353 19 30

Auf der autofreien Margareteninsel können in der ›Radler-Burg‹, einem Holzhaus mit angegliedertem Lokal nahe dem Hotel Thermal das ganze Jahr über Fahrräder samt Tonband-Fremdenführung in fünf Sprachen gemietet werden. Außerdem bietet auf der Insel das Hotel Charles, Hegyalja ut 23, Tel. 1/212 91 69, als besonderen Service seinen Fahrradverleih auch an Nicht-Hausgästen an.

Reiten

Vermittlung organisierter Reittouren:

Verband für Ungarische Reittouristik (Sportbüro), VIII., Kerepesi út 7, Tel. 1/313 04 15, www.equi.hu

Reitvorführungen, Kutschfahrten, Reitunterricht und Geländeritte:

Budapester Reiterklub, II., Adyliget, Feketefej utca, Tel. 1/376 59 37

Reitschule Clubhotel Petneházy, II., Feketefej u. 2–4, Tel. 1/397 50 48

Sportstätten

Budapest Aréna László Papp, XIV., Stefánia út 2, Tel. 1/4 22 29 00, 1/422 26 00

Galopprennbahn, X., Albertirsai út 2, Tel. 1/263 78 58, Do 16, So 13.30 Uhr

Millenniums-Radrenn- und Kunsteisbahn, XIV., Szabó József utca 3

Puskás Ferenc Stadion, XIV., Stefánia út 3–5. Das vormalige Népstadion.

Trabrennbahn, VIII., Kerepesi út 7, Tel. 1/313 04 15, Mi 16.30, Sa 13.30 Uhr

Sportveranstaltungen

Budapester Grand Prix, Wettkampf der Leichtathleten (August).

Budapester Halbmarathon, www.budapestmarathon.com, Anmeldung Tel. 1/273 09 40, (Anfang September).

Formel-1-Rennen, WM-Lauf auf dem Hungaroring von Mogyoród bei Budapest um den Ungarischen Grand Prix (August).

Ungarisches Derby, das Sommerereignis für Pferdesportanhänger und Wetteifrige (Juli).

Squash

City Squash Club, II., Marczibányi tér 13, Tel. 1/212 31 10

Tennis

Neben hoteleigenen Tennisplätzen kann man in Budapest auf folgenden Plätzen spielen, auf Wunsch auch mit Trainer:

BEAC, XI., Bogdánffy u. 10, Tel. 1/209 06 22

Budapesti Spartacus SC, I., Dózsa György tér, Tel. 1/212 37 66

MTK Tennis Club, XI., Bartok Béla út 63, Tel. 1/209 15 95

Wassersport

Freizeitzentrum Lido, III., Nánási út 67, Donauufer, Tel. 1/242 43 86. Vermietung von Ruderbooten, Kanus und Kajaks.

Stadtbesichtigung

Stadtrundfahrten

Mit dem Bus

Budapest City Tour, Tel. 1/317 83 43, 1/317 77 67, Fax 1/317 97 46. Dauer der großen Stadtbesichtigung 3 Std.; Mai–Sept. tgl. 10, 10.30, 14 Uhr; April und Okt. tgl. 10, 10.30, 14 Uhr; Nov.–März 10.30, 14 Uhr.

Cityrama, Báthori út 22, Tel. 1/302 43 82, www.cityrama.hu. Dauer der großen Stadtrundfahrt 3 Std.; tgl. 10, 14.30 Uhr; April–Okt. zusätzlich 11 Uhr; auch Individualtouren für max. 8 Personen.

Programmcentrum, Madách Imre út 13–14, Tel. 1/318 44 46, 1/317 77 67, www.pro grammcentrum.hu. Stadtrundfahrten und -besichtigungen mit Bus, Schiff oder Helikopter.

Ibusz-Reisebüros und Hotels organisieren auch gern Individualtouren, etwa unter Tel. 1/317 83 43, Fax 1/317 97 46. Meist mit Chauffeur (für Auto oder Kleinbus).

Mit dem Schiff

Duna Bella, 1 Std. Schifffahrt auf der Donau und 1 Std. Führung auf der Margareteninsel; Mai–Sept. tgl. 14.30, 15.30, 16.30 Uhr; Juli/Aug. zusätzl. 11, 13.30, 17.30 Uhr; Abfahrt ab Vigadó tér, Kai 6 und 7; Karten an der Legenda-Kasse vor Hotel Marriott, Reservierung Tel. 1/266 41 90

In Budapest werden Stadtbesichtigungen zu Land und zu Wasser angeboten

Donau-Legende, Budapest in abendlicher Festbeleuchtung vom Schiff betrachtet, ergänzt durch kulturhistorische Erklärungen über eine Video-Vorführung in 17 Sprachen, mit Bordservice; Mai–Sept. 20.15, 21, 22 Uhr; April und Nov. 20.15 Uhr; Abfahrt ab Vigadó tér, Anlegestelle 6 und 7; Karten an der Legenda-Kasse vor dem Hotel Marriott, Reservierung: Tel. 1/266 41 90

Zu Fuß

Walking Tours of Budapest, Stadtrundgänge, Tel. 1/302 11 88 61, www.absolutetours.com

The Chosen Tours, Tel. 1/355 22 02, chosentours@yahoo.com. So–Fr 10 Uhr ›Jüdisches Erbe in Budapest‹: zu Fuß durch das alte Judenviertel. Außerdem allgemeine Stadtbesichtigung als kombinierte Bus-/Spaziertouren (auch in Deutsch).

Rundflüge

Mit dem Flugzeug

Indicator, XII. Városmajor utca 30, Tel. 1/202 62 84, www.indicator.hu. März–Nov., 20 Min., Start am Segelflughafen Budaörs.

Mit dem Heißluftballon

Sup-Air Ballon Club, Tel. 1/322 00 15. 1 Std., Fahrt ist abhängig vom Wetter. Minibustransfer Hotel – Flugplatz.

Aussichtspunkte

Mannigfaltige Blicke auf die Stadtlandschaft eröffnen sich dem Betrachter von den äußeren Spazierwegen des **Budaer Burghügels**, von den Wanderwegen auf dem **Gellértberg** und insbesondere von der **Zitadelle** (unvergesslich am Abend!). Auch zu diesem Zweck errichtete *Aussichtstürme* kann man aufsuchen, wie jenen auf dem **Jánoshegy** (Jánosberg, 529 m, erreichbar mit dem Bus 190 oder per Sessellift). Der Gipfel ist mit 529 m Budapests höchster Punkt. Der bis zu 80 km weit reichende Rundblick erfasst die Anfänge der Großen Ungarischen Tiefebene im Osten und das Börzsöny-Gebirge im Norden, das immer wieder aufblinkende silbrige Band der Donau und dahinter die sanften Hügel Transdanubiens im Westen.

TOP TIPP

Weitere Aussichtstürme: **Józsefhegyi-Turm** auf dem Rozsadomb (Rosenhügel, Bus 91 und 191), Budaer **Árpád-Aussichtsturm** (Bus 11 bis Endstation Látó Hegyi utca). Empfehlenswert für ein genussvolles Schauerlebnis sind auch die hoch über der Stadt gelegenen Wanderwege auf dem Szabadsághegy in der Gegend von Normafa.

Sonstige Sehenswürdigkeiten

Höhle von Szemlőhegy, II., Pusztaszeri utca 35, Mi–Mo 9–16 Uhr, nur Gruppenführungen, Tel. 1/212 44 66

Millenáris Park, II., Kisrókus utca, Sa ab 10 Uhr Kindertag. Auf dem ehem. Fabrikgelände von 1844 eröffnete im Juli 2001 ein Kulturzentrum. Die einstigen Werkshallen dienen nun als Kulisse für Theateraufführungen und diverse Ausstellungen. Landschaftsgestalter legten schilfbewachsene Teiche und ein Kornfeld an, Bildhauer erdachten für zwei fantasiereiche Spielplätze Märchenfiguren zum Herumklettern.

Palmenhaus, VIII., Illés utca 25, Mo–Sa 9–16, So 9–13 Uhr, Tel. 1/314 05 35. In dem 1867 von Maria Theresia errichteten Botanischen Garten, gehört heute zur Eötvös-Lóránd-Universität (Architekt: József Drescher).

Pálvölgyer Höhle, II., Szépvölgyi utca 162, Tel. 1/325 95 05. Di–So 9–16 Uhr, 500 m der Tropfsteinhöhle sind begehbar, Führungen stündlich.

Planetarium, X., Népliget, Ecke Könyves Klamán krt./Üllöi út (SW-Ecke des Stadtwäldchens), Tel. 1/265 07 22, www.planetarium.hu. Vorführungen mit dem Zeiss-Teleskop. Angegliedert ein Laser-Theater [s. S. 127].

Trinkhalle. Zwischen Elisabeth-Brücke und Rudas-Bad, am Fuße des Gellértbergs, fließt Heilquellwasser aus den *Hungaria-*, *Attila-* und *Juventusbrunnen*.

Vergnügungspark (Vidámpark), XIV., Állatkerti körút 14–16 (gegenüber dem Széchenyi-Bad), www.vidampark.hu, So–Do 10–20, Fr/Sa 10–22 Uhr. Das älteste der nostalgischen, restaurierten Karusselle stammt aus dem Jahr 1906. Attraktion ist die Holzachterbahn von 1927. Herrlicher Panoramablick vom Riesenrad.

Ausflugsziele

Schifffahrt auf der Donau, April–Sept., ab Anlegestelle Vigadó tér 15, Pester Donau-Uferseite Vergnügungsdampfer, tgl. 15, 17.30 und 20 Uhr, an den Wochenenden zusätzlich 11 Uhr

Wandern durch das Naturschutzgebiet des Sashegy (Adlerberg), XI., Tájek utca 26 (erreichbar vom Március 15. tér aus mit dem Bus 8 bis Korompai utca).Sa/So 10–17 Uhr Wanderungen mit fachkundiger Tourenführung, Anmeldung im Büro des Landschaftsschutzgebiets Buda:

Budai Tájvédelmi körzet, II., Medve utca 19, Tel. 1/201 08 44

Statistik

Bedeutung: Hauptstadt der Republik Ungarn, gleichzeitig größtes Industriezentrum des Landes.

Lage: 19°08′ östlicher Länge und 47°29′ nördlicher Breite. Tiefster Punkt: Insel Csepel, 97 m NN; höchster Punkt: Jánosberg, 529 m NN.

Fläche des Stadtgebiets: 525 km^2, davon entfallen 351 km^2 auf Pest, 174 km^2 auf Buda. Wohngebiet 182 km^2, Industriegebiet 45 km^2, Wasserfläche 30 km^2, Grünflächen 67 km^2.

Donau: Sie durchfließt Budapest auf einer Länge von 28 km; durchschnittliche Breite 400 m, Tiefe 5–6 m.

Ortszeit: MEZ; während der Sommerzeit werden die Uhren ebenfalls um 1 Std. vorgestellt.

Einwohnerzahl: 1,74 Mio. (2005). Rund ein Sechstel der Landesbevölkerung wohnt in der Hauptstadt.

Religion: Etwa 71 % römisch-katholisch, 21 % protestantisch, 6 % jüdisch, 2 % griechisch-orthodox und andere.

Verkehrsnetz: 4259 km Straßen und ein gut ausgebautes Nahverkehrsnetz: Straßenbahnen 159 km, Autobusse 734 km, Metro 34,6 km, Vorortbahnen 110 km.

Bildungswesen: Budapest verfügt über 46 Hochschulen und Universitäten mit 100 000 Studenten, 404 allgemeinbildende Schulen; 236 Gymnasien und Fachoberschulen, 10 deutsche Grundschulen, 3 deutsche Gymnasien.

Kultureinrichtungen: 79 öffentliche Bibliotheken, 21 Theater, 72 Kinos, 90 Museen.

Stadtwappen: Seit der Jahreswende 1990/91 besitzt Budapest sein neues ›altes‹ Wappen von 1873 wieder, das rechts der Stephanskrone einen züngelnden Löwen, links einen Greif zeigt.

Unterkunft

Camping

Eine Auswahl geprüfter Campingplätze bietet der jährlich aktualisierte *ADAC Camping Caravaning Führer*, Band Südeuropa (auch als CD-ROM), die über die ADAC Geschäftsstellen, im Buchhandel oder über das Internet erhältlich sind (www.adac.de/campingfuehrer).

Hotels

Hotel-, Zimmer-, Apartmentvermittlung

Dominika Apartman Hotel, Lidérc utca 13, Tel. 1/246 00 62, Fax 1/246 00 92, wwwdomlnlka.matav.hu. Günstlge Zlmmer und Apartments am Stadtrand. 10 % Ermäßigung für ADAC-Mitglieder.

Ibusz Travel, V., Ferenciek tere 10, Tel. 1/485 27 67, 1/485 27 68, Fax 1/337 27 67, www.ibusz.hu

VISTA Visitor Center, VI., Paulay Ede utca 7, Tel. 1/429 99 50, Fax 1/429 99 51, www.vista.hu

*****Hotels

Budapest Intercontinental, V., Apáczai Csere János utca 12–14, Tel. 1/327 63 33, Fax 1/327 63 56, www.budapest.intercon tinental.com. Nach größeren Umbauten präsentiert das frühere ›Forum‹ nun mit neuem Namen gehobenen Luxus. Die besondere Attraktion ist die Aussicht auf den Budaer Burgberg.

TOP TIPP **Budapest Marriott**, V., Apáczai Csere János utca 4, Tel. 1/266 70 00, Fax 1/266 50 00, www.marriott.com. Am Donaukorso in schönster Citylage, aus jedem der 262 Gästezimmer bietet sich ein traumhafter Ausblick auf die Donau und den direkt gegenüberliegenden Budaer Burgpalast. Fröhliche, helle, gleichwohl gediegene Einrichtung.

Corinthia Grand Hotel Royal, VII., Erzsébet körút 43-49, Tel. 1/479 47 30, Fax 1/479 43 33, www.corinthiahotels.com. Eines der traditionsreichsten Häuser Europas aus dem sog. ›Goldenen Zeitalter‹ der Stadt. Das Luxushotel verfügt über 414 Zimmer und 26 Residenz-Suiten, über 5 Restaurants, einen Ballsaal (von 1896), ein Konferenz- und Ausstellungszentrum und einen Thermalbadbereich [Nr. 63].

Four Seasons Hotel Gresham-Palace, V. Roosevelt tér 5, Tel. 1/268 60 00, Fax 1/268 50 00, www.fourseasons.com. Luxus und Schönheit in prachtvoll restauriertem Jugendstiljuwel. 179 Gästezimmer und mehrere Suiten, von den Turmsuiten eröffnet sich ein herrlicher Blick auf den Königspalast der Budaer Burg. Health Club, Pool, Gesellschaftsräume.

TOP TIPP **Hilton Budapest**, I., Hess András tér 1–3, Tel. 1/488 66 00, Fax 1/488 66 44, www.budapest.hilton.com. Hier wohnt man stilvoll im historischen Burgviertel. Der moderne Bau integriert Überreste eines alten Dominikanerklosters [Nr. 11].

Hyatt Regency, V., Roosevelt tér 2, Tel. 1/266 12 34, Fax 1/266 91 01, www.hyatt.com. Im Herzen der Stadt nahe der Kettenbrücke auf der Pester Seite. Die Hotelhalle ist als großer Innenhof mit galerieartig umlaufenden Korridoren gestaltet. Pianobar mit Livemusik. Swimmingpool, Sauna.

Kempinski Hotel Corvinus, V., Erzsébet tér 7–8, Tel. 1/429 37 77, Fax 1/429 47 77, www.kempinski-budapest.com. Architektur der 1990er-Jahre in renaissanceartig klarer Struktur und kühler Noblesse. In der Pester Innenstadt, nur wenige Gehminuten von der Váci utca entfernt.

****Hotels

Astoria, V., Kossuth Lajos utca 19–21, Tel. 1/317 34 11, Fax 1/318 67 98, www.danubiushotels.com. Traditionsreiches Hotel mit historischem Salon. Kaffeehaus mit Livemusik.

TOP TIPP **Carlton Hotel**, I., Apor Péter utca 3, Tel. 1/224 09 99, Fax 1/224 09 90, www.carltonhotel.hu. Zwar außen keine Schönheit, aber ›mit inneren Werten‹. Liegt zudem an einem der romantischen Treppenaufgänge zur Burg, zwischen Clark Ádám tér und Fischerbastei.

TOP TIPP **Danubius Grand Hotel Margitsziget**, XIII., Margitsziget, Tel.1/452 62 00, Fax 1/452 62 61, www.danubiushotels.com. Inmitten der ›grünen Lunge‹ der Stadt, der Margareteninsel, gelegen. Traditionshotel mit großzügig-gelassener Atmosphäre und nostalgischer Pracht.

TOP TIPP **Danubius Hotel Gellért**, XI. Szent Gellért tér 1, Tel. 1/385 22 00, Fax 1/466 66 31, www.danubiushotels.com. Elegantes, altehrwürdiges Kurhotel, am Fuße des Gellértbergs im Nachklang des Jugendstil errichtet. Zimmer mit Blick auf Donau und Kettenbrücke.

Danubius Thermal Hotel Margitsziget, XIII., Margitsziget, Tel. 1/329 23 00, Fax 1/329 25 87, www.danubiushotels.com. Kurhotel fern vom Lärm der Großstadt. Vielfältiges Sport- und Erholungsangebot sowie medizinische Anwendungen.

Grand Hotel Hungária, VII., Rákóczi út 90, Tel. 1/478 11 00, Fax 1/478 11 11, www.danubiushotels.com. Großes, zentral gelegenes Hotel in einer der Hauptstraßen der Stadt gegenüber dem Ostbahnhof.

Hotel Budapest, II., Szilágyi Erzsébet fasor 47, Tel. 1/488 98 00, Fax 1/488 98 03. 15-stöckiger Zylinderbau der 60er-Jahre des 20. Jh., günstig am Rosenhügel gelegen. Zwei Restaurants, Café, Bar.

Novotel Budapest Centrum, VIII., Rákóczi út 43-45, Tel. 1/477 53 00, Fax 1/477 53 53, www.accorhotel.com. Erneut strahlt das 1911 erstmals eröffnete Hotel in Jugendstil-Pracht, dazu kommt moderner Komfort. Wie einst besticht es durch weiße Stuckreliefs, blaue Keramikornamente, geschmiedete Treppengeländer und Balkonbrüstungen sowie farbige Glasfenster. Das gediegen-elegante Restaurant mit umlaufenden Galerien steht unter Denkmalschutz.

Parkhotel Flamenco, XI., Tas Vezér utca 7, Tel. 1/372 20 00, Fax 1/365 80 07, www.danubiushotels.com. Nur wenige Minuten vom innerstädtischen Geschäfts- und Einkaufszentrum entfernt, liegt das Hotel in einem kleinen Park. Restaurant, Café, Terrasse, Nachtbar, Hallentennis.

Radisson SAS Béke Hotel, VI., Teréz körút 43, Tel. 1/301 16 00, Fax 1/301 16 15, www.budapest.radissonsas.com. Traditionsreiches Hotel in Jugenstilbau, unweit von Westbahnhof und Opernhaus. Zwei Restaurants für gehobene Ansprüche, Pianomusik, Spielcasino.

***Hotels

Normafa, XII., Eötvös út 52–54, Tel. 1/395 65 05, Fax 1/395 65 04. Sehr gutes Haus in idyllische Lage über der Stadt, schön inmitten der Budaer Hügelkette, allerdings ziemlich abgelegen.

**Hotel

Buda Center Hotel, II., Csalogány utca 23, Tel. 1/201 63 33, Fax 1/201 78 43. Hotelbau aus den 60er-Jahren des 20. Jh. unterhalb des Burgbergs zwischen Donau und Moskauer Platz, ideal für Stadterkundungen. China-Restaurant, Pub.

*Hotel

Citadella, XI., Citadella sétány, Tel./Fax 1/466 57 94. Krönende Lage auf der Spitze des berühmten Gellértbergs, von dem sich der herrlichste Ausblick auf die Stadt bietet. Restaurant, Brasserie, Weinkeller, Bar.

Jugendherbergen

Vermittlung von günstigen Zimmern und Apartments:
Mellow Mood, V., Molnár u 3, Tel. 1/411 23 90, Fax 1/266 37 25, www.backpackers.hu. Es stehen mehrere Häuser mit unterschiedlicher Ausstattung zur Auswahl.

Pensionen

Vermittlung von Pensionszimmern bei:
Pension Centrum, XII., Szarvas Gábor út 24, Tel. 1/200 88 71, Fax 1/275 91 40

Verkehrsmittel

Auto und Mietwagen

Für Mitglieder bietet die **ADAC Autovermietung GmbH** günstige Konditionen. Buchungen über die Geschäftsstellen oder unter Tel. 0 18 05/31 81 81 (0,12 €/Min.). Am Flughafen sowie in Budapest selbst sind zahlreiche nationale und internationale Autovermietungen vertreten, u. a.:

Avis, V., Szervita tér 8, Tel. 1/318 42 40

Budget, I., Krisztina körút 41–43, Tel. 1/214 04 20 (Hotel Mercure Buda)

Hertz/Főtaxi,V., Aranykéz utca 4–8, Tel. 1/455 75 06

LRI Airport Rent a Car, Tel. 1/296 71 70

In der Innenstadt gibt es mittlerweile zahlreiche gut ausgeschilderte **Parkhäuser** und **Tiefgaragen**.

Öffentlicher Nahverkehr

Das öffentliche Nahverkehrssystem ist sehr gut ausgebaut, die Verkehrsmittel sind 4.30–23 Uhr im Einsatz. Es wird empfohlen, das Auto stehen zu lassen und mit U-Bahn, Straßenbahn oder Bus zu fahren. Für EU-Bürger ab 65 ist die Benutzung der öffentlichen Verkehrsmittel in Budapest seit 2004 kostenlos.

Leider gibt es derzeit keine verbindlichen Übersichtspläne, sodass hier [s. hintere Umschlagklappe] bislang nur Metros und Nachtbusse verzeichnet werden konnten.

Die U-Bahn, **Metro**, hat drei Linien: **M1** (die **Gelbe**) vom Vörösmarty tér zur Mexikói út, die schnellste Verbindung zwischen Zentrum und Stadtwäldchen; **M2** (die **Rote**, wg. Renovierungsarbeiten können entlang dieser Strecke bis 2007 etappenweise einzelne Haltestellen ausfallen) als Ost-West-Verbindung zwischen Örs vezér tere und Südbahnhof (Déli pályaudvar); sowie die Nord-Süd-Linie **M3** (die **Blaue**) von Újpest-Központ nach Kőbánya-Kispest. Alle diese Linien kreuzen sich im Zentrum der Stadt am **Deák tér**. Derzeit wird die neue Linie **M4** vom Bahnhof Kelenföld zum Bosnyák tér gebaut. Sie wird die M2 und M3 am Kálvin tér und am Ostbahnhof kreuzen und soll 2009 fertig gestellt sein.

Außerdem erschließt ein dichtes Netz von **Bus- und Straßenbahnlinien** das gesamte Stadtgebiet.

Die Fahrkarten für öffentliche Verkehrsmittel müssen **vor Fahrtantritt** gekauft und in Bus oder Straßenbahn bzw. vor dem Eintritt in die Metro-Bahnhöfe entwertet werden. Sie sind in Trafik-Läden und U-Bahnhöfen erhältlich. Empfehlenswert ist eine **Tages-**, **3-Tage-** oder **Wochenkarte**, die man an allen Kassen der Budapester Verkehrsbetriebe (BKV), z. B. an U-Bahn-Eingängen, kaufen kann. Diese Karten (*Napi jegy*) gelten für Stadtbusse (*Autóbusz*), Straßenbahnen (*Villamos*), O-Busse, U-Bahnen und für die Vorortbahnen HÉV bis zur Stadtgrenze. Für Touristen gibt es die **Budapest Kártya/ Budapest Karte** (s. S. 113).

Taxi

Citytaxi, Tel. 1/211 11 11

Főtaxi, Tel. 1/222 22 22

Tele 5, Tel. 1/355 55 55

Volántaxi, Tel. 1/266 66 66

Sprachführer

Ungarisch für die Reise

Das Wichtigste in Kürze

Ja/Nein	*Igen/Nem*
Bitte/Danke	*Kérem/Köszönöm*
Bitte (anbietend)	*Tessék*
In Ordnung!/Einverstanden!	*Rendben!/Jó!*
Entschuldigung!	*Bocsánat!*
Wie bitte?	*Kérem?*
Ich verstehe Sie nicht.	*Nem értem.*
Ich spreche nur wenig Ungarisch.	*Csak keveset tudok magyarul.*
Können Sie mir bitte helfen?	*Segitene nekem?*
Das gefällt mir (nicht).	*Ez (nem) tetszik nekem.*
Ich möchte ...	*Szeretnék ...*
Gibt es ...?	*Van ...?*
Wie viel kostet das?	*Mennyibe kerül?*
Kann ich mit Kreditkarte bezahlen?	*Fizethetek kártyával?*
Wie viel Uhr ist es?	*Hány óra van?*
Guten Morgen!	*Jó reggelt!*
Guten Tag!	*Jó napot!*
Guten Abend!	*Jó estét!*
Gute Nacht!	*Jó éjszakát!*
Hallo!/Grüß dich!	*Halló!/Szervusz!*
Wie ist Ihr Name, bitte?	*Hogy hivják Önt?*
Mein Name ist ...	*Nevem ...*
Wie geht es Ihnen?	*Hogy van?*
Auf Wiedersehen!	*Viszontlátásra!*
Tschüs!/Bis bald!	*Szervusz!/Nemsokára!*
Bis morgen!	*Holnapig!*
gestern/heute/morgen	*tegnap/ma/holnap*
am Vormittag/am Nachmittag	*délelőtt/délután*
am Abend/in der Nacht	*este/éjszaka*
um 1 Uhr/um 2 Uhr ...	*egykor/kettőkor ...*
um Viertel vor 8 / um Viertel nach 8 (Viertelneun)	*háromnegyed nyolc / negyedkilenc*
Minute(n)/Stunde(n)	*perc(ek)/óra, órák*
Tag(e)/Woche(n)	*nap(ok)/hét(hetek)*
Monat(e)/Jahr(e)	*hónap(ok)/év(ek)*

Zahlen

0	*nulla*	19	*tizenkilenc*
1	*egy*	20	*húsz*
2	*kettő*	21	*huszonegy*
3	*három*	22	*huszonkettő*
4	*négy*	30	*harminc*
5	*öt*	40	*negyven*
6	*hat*	50	*ötven*
7	*hét*	60	*hatvan*
8	*nyolc*	70	*hetven*
9	*kilenc*	80	*nyolcvan*
10	*tiz*	90	*kilencven*
11	*tizenegy*	100	*száz*
12	*tizenkettő*	200	*kétszáz*
13	*tizenhárom*	1000	*ezer*
14	*tizennégy*	2000	*kétezer*
15	*tizenöt*	10 000	*tizezer*
16	*tizenhat*	100 000	*százezer*
17	*tizenhét*	1/4	*negyed*
18	*tizennyolc*	1/2	*fél*

Wochentage

Montag	*hétfö*
Dienstag	*kedd*
Mittwoch	*szerda*
Donnerstag	*csütörtök*
Freitag	*péntek*
Samstag	*szombat*
Sonntag	*vasárnap*

Monate

Januar	*január*
Februar	*február*
März	*március*
April	*április*
Mai	*május*
Juni	*június*
Juli	*július*
August	*augusztus*
September	*szeptember*
Oktober	*október*
November	*november*
Dezember	*december*

Maße

Kilometer	*kilométer*
Meter	*méter*
Zentimeter	*centiméter*
Kilogramm	*kiló*
Pfund	*fél kiló*
Gramm	*gramm*
Liter	*liter*

Unterwegs

Nord/Süd/West/Ost	*észak/dél/nyugat/kelet*
oben/unten	*fenn/lenn*
geöffnet/geschlossen	*nyitva/zárva*
geradeaus/links/rechts/zurück	*egyenest/balra/jobbra/vissza*
nah/weit	*közel/messze*

53 A 101 – E 7

MAGYAR SPORTMÚZEUM – SPORTAGORA

XIV., Ifjúság u. 1-3.
Tel.: 252-1696

0/200 Ft
0/100 Ft
-/-20%

A Magyar Sportmúzeum a Papp László Budapest Sportaréna szomszédságában található kiállítótermében időszaki kiállításokat rendez, amelyek sokszínűen mutatják be a múlt és a jelen kiemelkedő eseményeit. Előzetes érdeklődés ajánlott.

HUNGARIAN SPORT MUSEUM – SPORTAGORA. Temporary exhibitions are held in the exhibition hall of the Hungarian Sports Museum in the vicinity of the László Papp Budapest Sport Arena, showing the important events of the past and the present. Prior notice is advisable.

UNGARISCHES SPORTMUSEUM – SPORTAGORA. Im Ausstellungssaal des Ungarischen Sportmuseums - in der Nähe der László Papp Budapest Sportarena - werden zeitweilige Ausstellungen veranstaltet, welche die wichtigsten Ereignisse der Vergangenheit und der Gegenwart veranschaulichen. Vorherige Anmeldung ist empfehlenswert.

MUSEO DELLO SPORT D'UNGHERIA – SPORTAGORA. Il Museo Ungherese dello Sport allestisce delle mostre temporanee nella sua sala d'esposizione che si trova nelle vicinanze del Papp László Sportarena Budapest le quali presentano in modo variopinto gli eventi prominenti del passato e del presente. Si consiglia un preavviso.

M2 Stadionok 95, 130 1, 1/A 75, 77

	H/Mo	K/Tu	Sz/We	Cs/Th	P/Fr	Szo/Sa	V/Su
Jan. 1-dec. 31.	10-18	10-18	10-18	10-18	-	10-18	10-18

53 B 103 – C 5

MAGYAR VASÚTTÖRTÉNETI PARK

XIV., Tatai út 95.
Tel.: 450-1497

900 Ft /-
300 Ft /-
-100/-20%

Európa legnagyobb szabadtéri vasúti múzeumában a látogatók ki is próbálhatják az ősi masinákat. Interaktív játékok: mozdonyvezetés, hajtányozás, mozdonyszimulátor, Csajka sínautó, vasútmodell-vezetés, mozdonyfordító-korongozás, sínkerékpár, lóvasutazás, kerti vasút.

HUNGARIAN RAILWAY HISTORY PARK. The visitors may try the ancient machinery in Europe's largest open-air railway museum. Interactive games: engine driving, inspection trolley driving, engine simulator, "Csajka" railcar, model railway controlling, engine turntable operation, rail bicycle, horse car riding, garden railway.

UNGARISCHER PARK FÜR EISENBAHNGESCHICHTE. Im größten Freilichtmuseum der Eisenbahn können die Besucher die alten Maschinen auch ausprobieren. Interaktive Spiele: Lokomotivfahrt, Draisine fahren, Lokomotivsimulator, Schienenauto "Csajka", Fahren von Eisenbahnmodellen, Lokomotiv-Drehscheibe, Schienenfahrrad, Pferdebahnfahrt, Garteneisenbahn.

PARCO COMMEMORATIVO DELLE FERROVIE UNGHERESI. Museo delle ferrovie all'aperto in Europa possono essere provate i meccanismi vecchi. Sono a disposizione giochi interattivi: guida locomotiva, simulatore di locomotiva, guida di carrello ferroviario, guida di modelli ferroviari, guida del disco per girare locomotivi, bici su binari, carrello a cavallo, pendolino, ferrovia da giardino.

30 14 MÁV ingavonat ápr. 1-okt. 29. (Bp. Nyugati pu.-Vasúttörténeti Park)

	K/Tu	Sz/We	Cs/Th	P/Fr	Szo/Sa	V/Su	Interaktív játékok
Márc. 15-márc 31.	10-15	10-15	10-15	10-15	10-15	10-15	külön rendelésre
Ápr. 1-okt. 29.	10-18	10-18	10-18	10-18	10-18	10-18	-
Okt. 31-dec. 17.	10-15	10-15	10-15	10-15	10-15	10-15	külön rendelésre

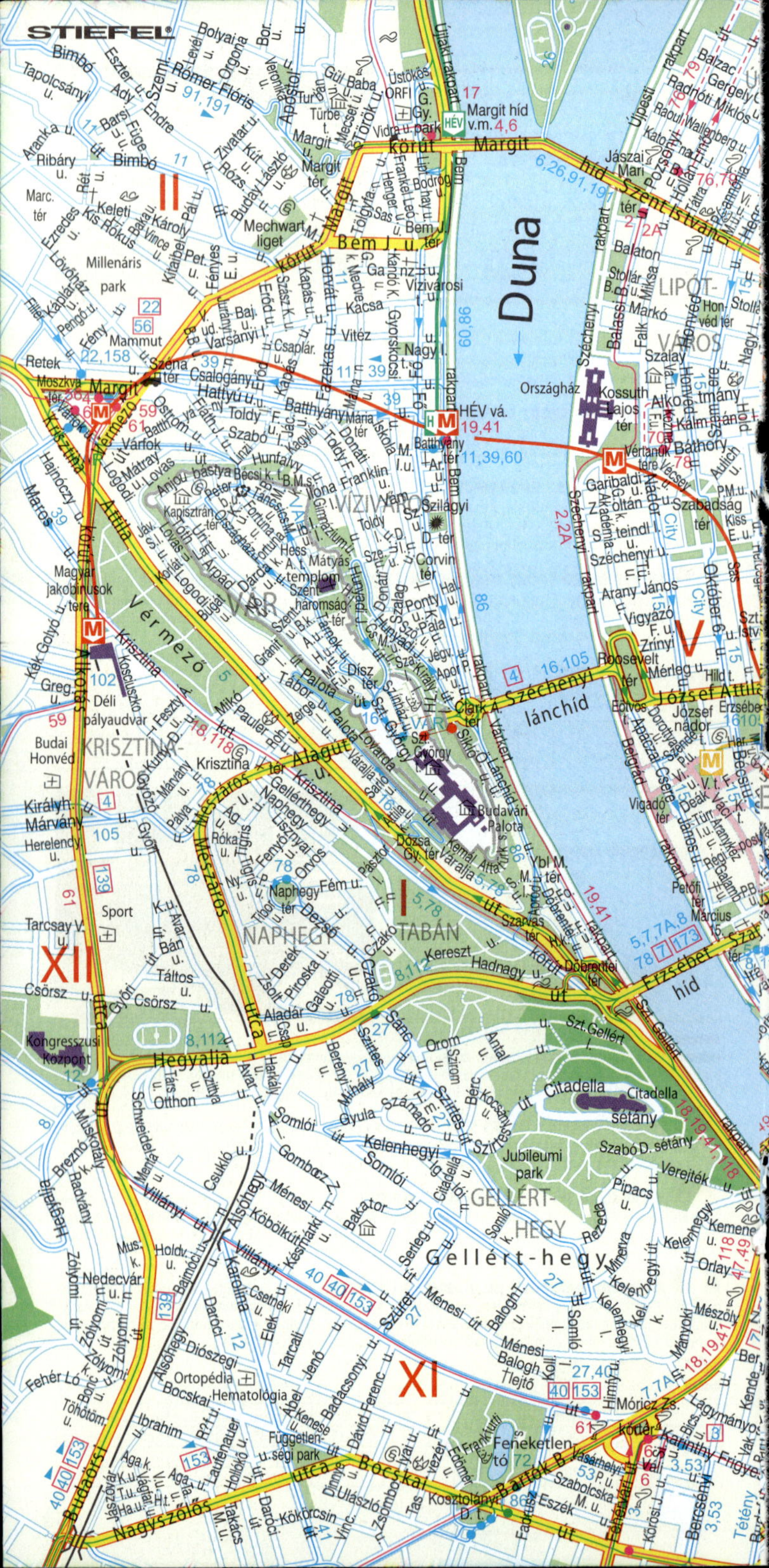

STIEFEL
Duna
II
I
V
XI
XII
Margit híd
Széchenyi lánchíd
Erzsébet híd
Országház
Kossuth Lajos tér
Batthyány tér
Széll Kálmán tér
Moszkva tér
Margit körút
Krisztina körút
Attila út
Alagút
Vérmező
Déli pályaudvar
Budai Vár
Mátyás templom
Szentháromság tér
Budavári Palota
Dísz tér
Szt. György tér
Clark Á. tér
Víziváros
Corvin tér
Szilágyi D. tér
Krisztinaváros
Naphegy
Tabán
Gellért-hegy
Citadella
Citadella sétány
Jubileumi park
Szt. Gellért tér
Hegyalja út
Alkotás utca
Villányi út
Bocskai út
Bartók B. út
Móricz Zs. körtér
Feneketlen tó
Kosztolányi D. tér
Budaörsi út
Nagyszőlős utca
Karinthy Frigyes út
Lipótváros
Szent István krt.
József Attila u.
Roosevelt tér
Vigadó tér
Petőfi tér
Március 15. tér
Millenáris park
Mammut
Kongresszusi Központ
Sport
Ortopédia
Hematológia
Mechwart liget
Bem J. u.
Fő u.
Bem rakpart
Budai Várfok
Széchenyi rakpart
Gellérthegy
Mészáros utca
Kékgolyó u.
Csörsz u.
Somlói út
Kelenhegyi út
Ménesi út
Szüret u.
Derék u.
Orom u.

Victor Hugo u.
Lehel tér
Lehel u.
Bulcsú
Szabolcs u.
MÁV Kórház
Dózsa György út
Állatkerti út
Városligeti krt.
Kós Károly sét.
Városligeti-tó
Vajdahunyad vára
Hősök tere
Olof Palme
Műcsarnok
Városliget
Dvorák sétány
XIII
West End City Center
Nyugati pályaudvar (0-24h)
Nyugati tér
Ferdinánd híd
Bajza u.
Munkácsy M.
Lendvay
Székely Bertalan
Szinyei Merse
Bajnok
Kmety Gy.
Délibáb
Benczúr
fasor
VI
Kodály körönd
Izabella
Rózsa
Aradi
Vörösmarty
Csengery
Podmaniczky
Teréz
Eötvös
Jókai
Mentő
TERÉZ-VÁROS
Weiner Leó
Lovag
Nagymező
Hajós
Dessewffy
Zichy Jenő
Mozsár
Oktogon
Liszt Ferenc tér
Hunyadi tér
Felső erdősor
Szegfű
Szív
Lövölde
BM Központi
Városligeti
Szenes Hanna park
Damjanich
Bethlen
Nefelejcs
Peterdy
Hernád
Murányi
Dembinszky
Marek József
Garay tér
Cserhát
Operaház
Andrássy
Hegedű
Király
Kürt
Kertész
Csányi
Dob
Harsfa
Dob
Wesselényi
Hevesi S. tér
Rózsák tere
Hutyra F. u.
Bethlen G. tér
Péterfy Sándor
István
VII
Erzsébet körút
Alm. tér
Szövetség
Barcsay
ERZSÉBET-VÁROS
Klauzál tér
Kis Diófa
Paulay Ede
Kazinczy
Holló
Király
Madách I. tér
Rumbach S.
Káldy Gy.
Nyár
Kéthly Anna tér
Keleti pu.
Baross tér
Kerepesi út
Thököly út
Garay
Mosonyi u.
Fiumei
Lóvásár u.
Blaha L. tér
Népszínház
Bezerédi
Szilágyi
Köztársaság tér
Traumatológiai Int.
Gázláng
Országos
Dologház
Kun utcai
Teleki László tér
Alföldi
Dohány
Rákóczi út
Kossuth
Múzeum körút
Szentkirályi
Trefort u.
Puskin
Gyulai P. u.
Stáhly u.
Szt. Rókus
Kőfarag ó u.
Bérkocsis
VIII
Brody Sándor
Pollack M. tér
Nemzeti Múzeum
Horánszky
Mária
Somogyi Béla u.
Rökk Szilárd u.
Rákóczi tér
Déri Miksa
Ries I. park
Mátyás tér
Szerdahelyi
Danko
Karácsony Sándor
Lujza
JÓZSEFVÁROS
Magdolna
Kálvin tér
Baross utca
Krúdy
Lőrinc pap tér
Horváth M. tér
Baross utca
Üllői út
Klinikák
Pál u.
Nap
Práter
Losonci tér
Molnár F. tér
Lósy I. u.
Jázmin
Füvészkert
Ráday
Vámház körút
Fővám tér
Sóház
Csarnok tér
Erkel
Mátyás
Köztelek u.
Markusovszky tér
Hőgyes E.
Knézich
Schöpf Merei
Tűzoltó
II. Gyermekgyógy.
I. Gyermekgyógy.
Nagy Templom
Leonardo da Vinci
Bókay János
Apáthy I. u.
Balassa
Klinikák
Ludovika tér
Közraktár
Kinizsi
Gálya u.
Bakáts tér
Nehru part
Ferenc krt.
Mester
Lónyay
Liliom
Páva
Berzenczey
Ferenc tér
Bokréta
Balázs
Kálmán
Vendel
Viola
Thaly
Gát
Lenhossék
IX
Sobieski János
Telepi
Ernő
Boráros tér
Petőfi híd
Soroksári út
Vaskapu
Ipar
Dandár
Concordia
Haller
Drégely u.
Nádasdy
Márton
Fehér H.
Óbester
Vágóhíd
BME
Szőczek u.
Goldmann György tér
Egyetemisták parkja
Pázmány Péter sétány
Feketeházy J. u.

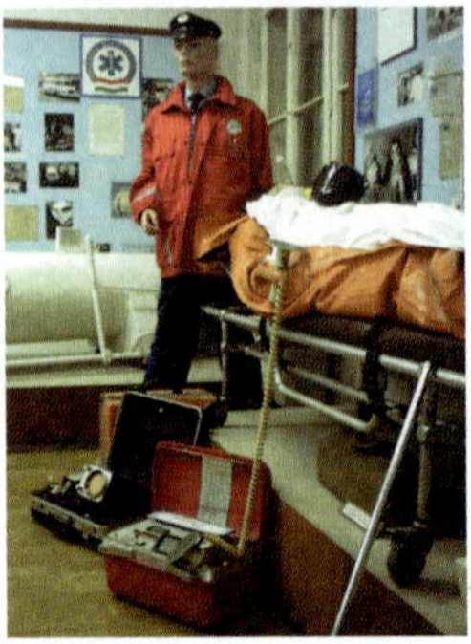

56 A — 100 – B 3

MENTŐMÚZEUM
V., Markó utca 22.
Tel.: 350-3737/4188

100 Ft/-
25 Ft/-

-100/-20%

Az orvosi mentőszolgálat történelmi emlékeit bemutató gyűjtemény legjelentősebb tárgyai kézi hajtású hordozható vastüdők, mentésügyi érmek. Figyelmet érdemel 110 év mentő járműveinek bőséges képanyaga.

MUSEUM OF THE AMBULANCE SERVICE. The most important pieces in the collection presenting the history of the medical ambulance service are the portable, hand-worked iron lung and medals awarded to ambulance personnel. Extensive photographic archives of ambulances over the past 110 years.

MUSEUM DES RETTUNGSDIENSTES. Sammlung historischer Denkmäler des ärztlichen Rettungsdienstes, handgetriebene tragbare Eisenlungen, Medaillen des Rettungswesens. Reiches Fotomaterial über Rettungsfahrzeuge der vergangenen 110 Jahre

MUSEO PRONTO SOCCORSO. Tra gli oggetti della collezione che rappresenta la storia del servizio Pronto Soccorso si trovano pezzi interessanti, come polmoni d'acciaio portatili, medaglie di premiazione. Ricco materiale di immagini sulle vetture d'ambulanza di 110 anni.

M3 Nyugati tér — 4, 6

	H/Mo	K/Tu	Sz/We	Cs/Th	P/Fr	Szo/Sa	V/Su
Jan. 1-dec. 31.	-	9-13	9-13	9-13	9-13	9-13	9-13

56 B — 102 – E 4

MOLNÁR-C. PÁL MŰTEREM-MÚZEUM
XI., Ménesi út 65.
Tel.: 06-30/201-1073, 385-3637

0 Ft

Mintegy fél évszázadig volt lakása, s műterme Molnár-C. Pálnak a jelenlegi galéria, melyet a művész lánya hozott létre, s Molnár-C. festményeit, rajzait, fametszeteit, szobrait mutatja be. A múzeum látogatása előzetes egyeztetéssel lehetséges.

PÁL MOLNÁR-C. STUDIO-MUSEUM. The gallery, created in the flat and studio used by Pál Molnár-C. for around 50 years, was established by his daughter. It displays numerous paintings, drawings, woodcuts and sculptures by the artist. The museum can be visited by appointment only.

ATELIER-MUSEUM PÁL MOLNÁR-C. In der heutigen Galerie, eingerichtet von der Tochter des Malers Pál Molnár-C., wohnte und arbeitete der Künstler 50 Jahre lang. Sie zeigt Gemälde, Zeichnungen, Holzschnitte und Skulpturen von Molnár-C. Das Museum kann nach vorheriger telefonischer Absprache besucht werden.

STUDIO-MUSEO DI PÁL MOLNÁR-C. La galleria per mezzo secolo ha servito come casa all'artista Pál Molnár-C. Attualmente ospita le pitture, le incisioni, le statue dell'artista. Visita del Museo soltano con prenotazione.

27 — 61

Wie weit ist …?	*Milyen messze van …?*
Wo sind die Toiletten?	*Hol a vécé?*
Wo ist die (der) nächste …	*Hol a legközelebbi …*
Telefonzelle/	*telefonfülke/*
Bank/Polizei/	*bank/rendőrség/*
Geldautomat?	*pénzautomata?*
Bitte, wo ist …	*Hol van kérem …*
der Hauptbahnhof/	*az állomás/*
der Busbahnhof/	*a buszállomás/*
die U-Bahn/	*a földalatti/*
der Flughafen?	*a repülőtér?*
Wo finde ich …	*Hol találok …*
eine Apotheke/	*egy patikát/*
eine Bäckerei/	*egy péket/*
Fotoartikel/	*ofotértet/*
ein Kaufhaus/	*egy áruházat/*
ein Lebensmittelgeschäft/	*egy élemiszerüzletet/*
den Markt?	*a piacot?*
Ist das der Weg/ die Straße nach …?	*Ez az az út/utca … felé?*
Ich möchte mit …	*Szeretnék …*
dem Zug/dem Bus/	*vonattal/busszal/*
dem Schiff/der Fähre/	*hajóval/komppal/*
dem Flugzeug	*repülővel*
nach … fahren.	*… ba utazni.*
Gilt dieser Preis für Hin- und Rückfahrt?	*Ez oda-vissza szól?*
Wie lange gilt das Ticket?	*Meddig érvényes a jegy?*
Wo ist …	*Hol van …*
das Fremdenverkehrsamt/	*az idegenforgalmi iroda/*
ein Reisebüro?	*egy utazási iroda?*
Ich benötige eine Hotelunterkunft.	*Szükségem lenne egy szállodai szobára.*
Wo kann ich mein Gepäck lassen?	*Hol hagyhatom a csomagom?*
Ich habe meinen Koffer verloren.	*Elvesztettem a böröndömet.*

Polizei

Hier ist mein(e) …	*Itt a …*
Pass/	*útlevelem/*
Personalausweis/	*személyi igazolványom/*
Kfz-Schein/	*forgalmi engedélyem /*
Versicherungskarte.	*biztositási lapom.*
Ich fahre nach … und bleibe … Tage/Wochen.	*… ba megyek és … napig/hétig maradok.*
Ich möchte eine Anzeige erstatten.	*Feljelentést szeretnék tenni.*
Man hat mir …	*Ellopták …*
Geld/	*a pénzemet/*
die Tasche/	*a táskámat/*
die Papiere /	*a papirjaimat/*
die Schlüssel/	*a kulcsomat/*
den Fotoapparat/	*a fényképzőgépemet /*
den Koffer/	*a bröndömet/*
das Fahrrad	*a biciklimet.*
gestohlen.	
Verständigen Sie bitte das Deutsche Konsulat.	*Kérem értesitsék a Német Követséget.*

Freizeit

Ich möchte ein …	*Szeretnék egy …*
Fahrrad/	*biciklit/*
Mountainbike/	*mountainbikot/*
Motorrad/	*motorkerékpárt/*
Surfbrett/	*szörflécet/*
Pferd mieten.	*lovat bérelni.*
Gibt es ein(en) …	*Van egy …*
Freizeitpark/	*park/*
Freibad/	*uszoda /*
Golfplatz	*golfpálya*
in der Nähe?	*a közelben?*
Wo ist die (der) nächste Bademöglichkeit/ Strand?	*Hol a legközelebbi/ fürdőlehetőség uszoda?*
Wann hat … geöffnet?	*Mikor van a … nyitva?*

Bank, Post, Telefon

Ich möchte Geld wechseln.	*Pénzt szeretnék átváltani.*
Brauchen Sie meinen Ausweis?	*Kéri az igazolványomat?*
Wo soll ich unterschreiben?	*Hol irjam alá?*
Ich möchte eine Telefonverbindung.	*Kérek egy telefonkapcsolatot.*
Wie lautet die Vorwahl für …?	*Melyik a … körzeti hivószáma?*

Hinweise zur Aussprache

a	dunkler, geschlossener Laut, zwischen dem deutschen a und o
á	langes a
c	z
cs	tsch
e	wie ein kurzes, offenes e in Ärger
é	langes e
gy	dj
í	langes i
ly	j
ny	nj, wie in Cognac
ó	langes o (ő: langes ö)
s	sch
sz	ß
ty	tj
ú	langes u (ű: langes ü)
v	w
z	s wie in Rose
zs	j wie in Journal

Wo gibt es … Telefonkarten/ Briefmarken?	*Hol lehet kapni … telefonkártyát/ bélyeget?*

Tankstelle

Wo ist die nächste Tankstelle?	*Hol a legközelebbi benzinkut?*
Ich möchte … Liter … Super/Diesel/ bleifrei.	*Kérek … liter … szupert/gázolajat/ ólommentest.*
Volltanken, bitte!	*Tele kérem!*
Bitte prüfen Sie … den Reifendruck/	*Kérem ellenőrizze … a levegőt a gumikban/*
den Ölstand/	*az olajat/*
den Wasserstand/	*a hűtővizet*
das Wasser für die Scheibenwischanlage /	*az ablaktörlővizet/*
die Batterie.	*az akkut.*
Würden Sie bitte … den Ölwechsel vornehmen/	*Elintézné az olajcserét?*
den Radwechsel vornehmen/	*Kicserélné a gumikat?*
die Sicherung austauschen/	*Kicserélné a biztositékokat?*
die Zündkerzen erneuern/ nachstellen?	*Kérek új gyujtó gyertyákat/ a beállításukat?*

Panne

Ich habe eine Panne.	*Ledöglött a kocsim.*
Der Motor startet nicht.	*Nem indul a motor.*
Ich habe die Schlüssel im Wagen gelassen.	*Bennhagytam a kulcsom a kocsiban.*
Ich habe kein Benzin/ Diesel.	*Kifogyott a benzinem/ a gázolajam.*
Gibt es hier in der Nähe eine Werkstatt?	*Van itt a közelben egy javitómühely?*
Können Sie meinen Wagen abschleppen?	*El tudja szállitani a kocsimat?*
Können Sie mir einen Abschleppwagen schicken?	*Tudna nekem egy vontatókocsit küldeni?*
Können Sie den Wagen reparieren?	*Meg tudná javitani a kocsimat?*
Bis wann?	*Meddig tartana?*

Mietwagen

Ich möchte ein Auto mieten.	*Bérelni szeretnék egy autót.*
Was kostet die Miete …	*Mennyibe kerül a bérlet …*
pro Tag/	*egy napra/*
pro Woche/	*egy hétre/*
mit unbegrenzter km-Zahl/	*határozatlan km-számmal/*
mit Kasko-versicherung /	*casco-biztositással/*
mit Kaution?	*letéttel?*

Wo kann ich den Wagen zurückgeben?	*Hol adhatom le a kocsit?*

Unfall

Hilfe!	*Segitség!*
Achtung!/Vorsicht!	*Figyelem!/Vigyázat!*
Rufen Sie bitte schnell … den Krankenwagen/ die Polizei/ die Feuerwehr.	*Kérem hivja gyorsan … a mentőt/ a rendőrséget/ a tűzoltókat.*
Es war (nicht) meine Schuld.	*(Nem) én okoztam.*
Geben Sie mir bitte Ihren Namen und Ihre Adresse.	*Adja meg a nevét és a cimét.*
Ich brauche die Angaben zu Ihrer Autoversicherung.	*Szükségem lenne az Ön autóbiztositási adataira.*

Krankheit

Können Sie mir einen guten Deutsch sprechenden Arzt/ Zahnarzt empfehlen?	*Tudna nekem egy jó németül beszélő orvost/ fogorvost ajánlani?*
Wann hat er Sprechstunde?	*Mikor rendel?*
Wo ist die nächste Apotheke?	*Hol a legközelebbi patika?*
Ich brauche ein Mittel gegen …	*Szükségem lenne egy gyógyszerre …*
Durchfall/	*hasmenés/*
Fieber/	*lázcsillapitóra/*
Insektenstiche/	*rovarcsipés/*
Verstopfung/	*szorulás /*
Zahnschmerzen.	*fogfájás … ellen.*

Hotel

Können Sie mir bitte ein Hotel/eine Pension empfehlen?	*Tudna kérem egy szállodát/ egy penziót ajánlani?*
Ich habe bei Ihnen ein Zimmer reserviert.	*Önöknél rendeltem egy szobát.*
Haben Sie … ein Einzelzimmer/ ein Doppelzimmer …	*Kaphatok … egy egyágyas/ egy kétágyas szobát …*
mit Bad/	*fürdőszobával/*
mit Dusche/	*tusolóval/*
für eine Nacht/	*egy éjszakára/*
für eine Woche?	*egy hétre?*
Was kostet das Zimmer …	*Mennyibe kerül a szoba …*
mit Frühstück/	*reggelivel/*
mit Halbpension/	*félellátással/*
mit Vollpension?	*teljes ellátással?*
Wie lange gibt es Frühstück?	*Meddig lehet reggelizni?*
Ich möchte um … geweckt werden.	*Ébresztést kérek … órakor.*

Wie ist hier die Stromspannung?	*Milyen magas az áramfeszültség?*
Ich reise heute Abend/ morgen früh ab.	*Ma este/holnap reggel elutazom.*
Haben Sie ein Faxgerät/ einen Hotelsafe?	*Van Fax-készülékük/ szállodai biztonsági széfjük?*
Nehmen Sie Kreditkarten an?	*Elfogadnak hitelkártyát?*
Kann ich Geld wechseln?	*Átválthatok pénzt?*

Restaurant

Wo gibt es ein gutes / ein günstiges Restaurant?	*Hol van egy jó/ előnyös árú étterem?*
Die Speisekarte/ Getränkekarte bitte.	*Kérem az étlapot/ itallapot.*
Welches Gericht können Sie besonders empfehlen?	*Melyik ételt tudná különösen ajánlani?*
Ich möchte das Tagesgericht/ das Menü (zu …).	*Napi ajánlatukat/ menűt (…) kérem szépen.*
Ich möchte nur eine Kleinigkeit essen.	*Csak egy keveset szeretnék enni.*
Gibt es vegetarische Gerichte?	*Lehet hústalan ételt kapni?*
Haben Sie offenen Wein?	*Kaphatok kimért bort?*
Welche alkoholfreien Getränke haben Sie?	*Milyen alkoholmentes italaik vannak?*
Haben Sie Mineralwasser mit/ ohne Kohlensäure?	*Van ásványvizük szénsavval/ szénsav nélkül?*
Das Steak bitte englisch/medium.	*A bélszint kérem angol módra/ közepesre sütve.*
Können Sie mir bitte … ein Messer/ eine Gabel/ einen Löffel geben?	*Kaphatnék … egy kést/ egy villát/ egy kanalat?*
Darf man rauchen?	*Szabad dohányozni?*
Die Rechnung, bitte!/ Bezahlen, bitte!	*Kérem a számlát!/ Fizetni szeretnék!*

Essen und Trinken

Ananas	*ananász*
Apfel	*alma*
Apfelsine	*narancs*
Aubergine	*padlizsán*
Banane	*banán*
Bier	*sör*
Birne	*körte*
Braten	*sült*
Bratwurst	*sült kolbász*
Brot/Brötchen	*kenyér/zsemle*
Butter	*vaj*
Ei	*tojás*
Eiergraupen	*tarhonya*
Eintopf	*egytál étel*
Eiscreme	*fagylalt*
Erdbeere	*eper*
Espresso	*fekete*
Espresso mit einem Schuss Milch	*feketekávé kis tejjel*
Essig	*ecet*
Fisch	*hal*
Fischsuppe	*halászlé*
Flasche	*üveg*
Fleisch	*hús*
Fruchtsaft	*gyümölcslé*
Frühstück	*reggeli*
Gänsekeule	*libacomb*
Geflügel	*baromfi*
Gemüse	*zöldség*
Glas	*üveg*
Gulasch	*pörkölt*
Gurke	*uborka*
Huhn	*csirke*
Hummer	*rák*
Käse	*sajt*
Kalb	*borjú*
Kartoffeln	*krumpli*
Kirschen	*cseresznye*
Kokosnuss	*kókuszdió*
Krug/Karaffe	*kanna/kancsó*
Lamm	*bárány*
Meeresfrüchte	*tengeri halak*
Milch	*tej*
Milchkaffee	*tejeskávé*
Mineralwasser	*ásványviz*
Nachspeisen	*desszertek*
Öl	*olaj*
Oliven	*olajbogyó*
Orangensaft	*narancslé*
Palatschinken	*palacsinta*
Pampelmuse	*grapefruit*
Pfeffer	*bors*
Pflaumen	*szilva*
Pilze	*gomba*
Reis	*rizs*
Rindfleisch	*marhahús*
Salat	*saláta*
Salz	*só*
Schinken	*sonka*
Schnaps	*pálinka*
Schweinefleisch	*disznóhús*
Süßigkeiten	*édesség*
Suppe	*leves*
Tee	*tea*
Thunfisch	*tonhal*
Tomaten	*paradicsom*
Vorspeisen	*előétel*
Wachtel	*fürj*
Wassermelone	*görög dinnye*
Wein	*bor*
Weiß-/	*fehérbor*
Rot-/	*vörösbor*
Rosé-Wein	*rozé bor*
Weintrauben	*szőlő*
Zucker	*cukor*

Register

K

L

M

N

O

P

R

S

Bildnachweis

Umschlag-Vorderseite: Kettenbrücke und Parlament – die Wahrzeichen von Budapest.
Foto: Hahn/laif, Köln

Titelseite
Oben: Neogotisch und kuppelbekrönt ist das ungarische Parlament (Wh. von S. 93 oben)
Mitte: Fassade des ehem. Bankhauses Török am Szervita tér (Wh. von S. 70 oben)
Unten: Holocaust-Mahnmal im Hof der Großen Synagoge (Wh. von S. 82 unten)

Außer den nachstehend angeführten Aufnahmen stammen alle Abbildungen von *laif, Köln, Anna Neumann*
Archiv für Kunst und Geschichte, Berlin: 12 unten, 14 oben rechts, 24, 110 oben – *Agentur Anzenberger, Wien, Manfred Horvath:* 37, 47, 70 oben, 80 oben, 90 oben, 94, 96, 103 (2), 112 oben rechts und unten links, 119 – *Udo Haafke, Ratingen:* 43, 106 – *Mauritius, Mittenwald:* 9 oben, 86, 90 unten, 98/99, 100 – *Horst Schmeck, Köln:* 19, 32, 39, 40, 42, 56, 57, 59, 60, 72, 74, 76 (2), 77, 86, 111 – *Süddeutscher Verlag, Bilderdienst, München:* 13 (2), 14 unten, 15 (2) – *Ernst Wrba, Wiesbaden:* 9 unten, 11 oben, 16/17, 20, 34, 46, 53, 64 (2), 65, 66, 79, 91, 93 oben, 98, 112 oben links und unten rechts, 121, 142 rechts unten

1 Tag in Budapest

Der Vormittag gehört dem bergigen **Buda**, der Nachmittag dem ebenen Pest. Mit der Standseilbahn fährt man hinauf zum **Burghügel** und wirft einen Blick auf den **Burgpalast** am Südende des Felsplateaus. Vielleicht reicht es für einen kurzen Besuch des **Historischen Museums** oder der **Ungarischen Nationalgalerie**. Beim Spaziergang durch die stimmungsvollen mittelalterlichen Gassen des Burgviertels genießt man die größten Sehenswürdigkeiten, die **Matthiaskirche** und die **Fischerbastei**. Stärken kann man sich anschließend in der **Konditorei Ruszwurm**.

Über die **Kettenbrücke** geht es hinüber auf die andere Seite der Donau, nach **Pest**. Die wichtigsten Sehenswürdigkeiten liegen weit verstreut. Wer am Fluss bleiben will, wandert vom **Parlament**, einem der Wahrzeichen Budapests, zum **Museum für Kunsthandwerk** und unterwegs einige Highlights wie die **Redoute** oder die **Universitätskirche** mit. Wen es ins ›Landesinnere‹ verschlägt, besichtigt am **Heldenplatz** das **Museum der Bildenden Künste** oder die **Kunsthalle** und erholt sich anschließend im Stadtwäldchen. Ausklingen lässt man den Tag bei ungarischen Gaumenfreuden und ›Zigeunermusik‹ in einem der traditionsreichen Lokale wie dem ›Százéves‹ oder dem ›Gundel‹.

1 Wochenende in Budapest

Freitag: Von der **Elisabethbrücke** aus genießt man die Aussicht auf beide Stadtteile, auf die Budaer Seite mit dem **Burgberg** und auf die Pester Seite mit dem **Parlamentsgebäude**. Ein wenig Shopping rund um die Váci utca, ein Blick in die **Große Markthalle** und ein Besuch eines der traditionsreichen **Kaffeehäuser** wie Gerbeaud mit weitgehend erhaltenem Interieur runden den ersten Tag ab. Und am Abend steht der Besuch eines Konzerts auf dem Programm, vielleicht in der **Redoute** oder in der **Ungarischen Staatsoper**.

Samstag: Am Vormittag Besuch des **Budaer Burgbergs**. Eines der bedeutenden Museen im Burgpalast ist Pflicht. Zur Auswahl stehen das **Historische Museum** und die **Ungarische Nationalgalerie**. Das angrenzende Burgviertel fasziniert durch die **Matthiaskirche** und die **Fischerbastei**, die eine schöne Aussicht über die Donau bietet. Beim Gang durch die mittelalterlichen Gassen sollte man auch einmal einen Blick in die stimmungsvollen Innenhöfe der alten Handelshäuser werfen.

Samstag ist Badetag, und Buda ist Badestadt. Am Nachmittag kann man zum Abtauchen zwischen **Lukácsbad** und **Gellértbad** wählen. Nicht weit entfernt, auf dem **Gellérthügel**, wartet einer der schönsten Budapester Panoramablicke, und am Abend bietet sich eine gemütliche Fahrt auf einem Donaudampfer an.

Sonntag: Der Morgen steht ganz im Zeichen der Kunst.

Nach dem Besuch des **Museums der Bildenden Künste** am **Heldenplatz** mit europäischer Malerei von Rang, gehen Kunstfreunde gern noch in die benachbarte **Kunsthalle**. Andere ziehen gleich ins **Stadtwäldchen** und legen erst einmal eine Mittagsrast ein. Auf dem Weg zur **Margareteninsel** nimmt man dann noch das **Parlament** mit, bevor der restliche Tag der Erholung dient.

Leserforum

Die Meinung unserer Leserinnen und Leser ist wichtig, daher freuen wir uns von Ihnen zu hören. Wenn Ihnen dieser Reiseführer gefallen hat, wenn Sie wichtige Hinweise zu den Inhalten haben – Ergänzungs- und Verbesserungsvorschläge, Tipps und Korrekturen – dann schreiben Sie uns:

Redaktion ADAC Reiseführer
ADAC Verlag GmbH
81365 München
verlag@adac.de

Impressum

Lektorat und Bildredaktion: Kirsten Winkler
Aktualisierung: Elisabeth Schnurrer
Karten: Huber Kartographie, München
Herstellung: Martina Baur
Druck, Bindung: Druckerei Uhl, Radolfzell

Printed in Germany

Ansprechpartner für den Anzeigenverkauf: Kommunalverlag, München

ISBN 3-87003-610-9

Gedruckt auf chlorfrei gebleichtem Papier

Neu bearbeitete Auflage 2005

Ägypten
Algarve
Allgäu
Amsterdam
Andalusien
Australien
Bali und Lombok
Barcelona*
Berlin*
Bodensee
Brandenburg
Brasilien
Bretagne
Budapest
Bulgarische Schwarzmeerküste
Burgund
Costa Brava und Costa Daurada
Côte d'Azur
Dalmatien
Dänemark
Deutschland, City Guide
Dominikanische Republik
Dresden*
Dubai, Vereinigte Arabische Emirate, Oman
Elsass
Emilia Romagna
Florenz
Florida
Französische Atlantikküste
Fuerteventura
Gardasee
Germany, City Guide
Golf von Neapel
Gran Canaria
Hamburg*
Hongkong und Macau
Ibiza und Formentera
Irland
Israel
Istrien und Kvarner Golf
Italienische Adria
Italienische Riviera
Jamaika
Kalifornien
Kanada – Der Osten
Kanada – Der Westen
Karibik
Kenia
Kreta
Kuba
Kykladen
Lanzarote
London*
Madeira
Mallorca*
Malta
Marokko
Mauritius und Rodrigues
Mecklenburg-Vorpommern
Mexiko
München*
Neuengland
Neuseeland
New York*
Niederlande
Norwegen
Oberbayern
Österreich
Paris*
Peloponnes
Piemont, Lombardei, Valle d'Aosta
Polen
Portugal
Prag*
Provence
Rhodos
Rom*
Rügen, Hiddensee, Stralsund
Salzburg
Sardinien
Schleswig-Holstein
Schottland
Schwarzwald
Schweden
Schweiz
Sizilien
Spanien
St. Petersburg
Südafrika
Südengland
Südtirol*
Sylt
Teneriffa*
Tessin
Thailand
Toskana
Tunesien
Türkei-Südküste
Türkei-Westküste
Umbrien
Ungarn
USA-Südstaaten
USA-Südwest
Usedom
Venedig*
Venetien und Friaul
Wien*
Zypern

* auch als ADAC Reiseführer Plus mit CityPlan bzw. UrlaubsKarte